L'EMPIRE.

CORBEIL, IMPRIMERIE DE CRÉTÉ.

L'EMPIRE,

OU DIX ANS

SOUS

NAPOLÉON.

PARIS,
CHARLES ALLARDIN, LIBRAIRE,
57, QUAI DE L'HORLOGE.

1836.

CHAPITRE I.

JE n'ai point dissimulé, dès le commencement de cet ouvrage, l'impossibilité où je serais d'enregistrer mes souvenirs dans un ordre rigoureusement chronologique; et j'ai usé largement de la permission que je me suis donnée. Toutefois, j'ai cherché à suivre dans leur cours les grands événemens qui ont marqué l'ère impériale. Nous voici donc parvenus à peu près au commencement de l'année 1812, c'est-à-dire à l'époque encore brillante, encore pleine de joie et d'enthousiasme, mais où les espérances d'avenir perdirent de leur sécurité, où l'on entrevit dans le ciel politique un nuage incertain qui devait si rapidement se grossir et tomber en torrens sur la France. Il nous était d'autant plus cruel de voir nos espérances s'évanouir, que nous avions cru à la continuation de l'accord qui existait si prodigieusement entre la volonté de Napoléon et sa fortune. Nous osions croire à la fidélité de l'alliance avec la Russie, à la sincérité de l'Autriche : nous avions bâti sur un sable mouvant. Les puissances n'attendaient qu'une occasion de museler l'empereur, et lui, de son côté, ne paraissait pas redouter les chances d'une nouvelle guerre.

Il est aujourd'hui bien démontré que la prétendue amitié d'Alexandre pour Napoléon était une amitié feinte et toute spéculative, tandis que l'empereur des Français était de bonne foi. Alexandre, dont, il faut l'avouer, les intérêts nationaux étaient compromis par l'extension jusque dans ses ports du système continental, suivit d'abord une politique cauteleuse, n'ayant ni la volonté de rester l'allié de Napoléon, ni le courage nécessaire pour annoncer une rupture ouverte. Il livrait ses ports aux marchandises prohibées, traitait secrètement avec la Turquie, s'alliait avec la Suède, renouait avec l'Angleterre, et cherchait à ranimer la prudente réserve de l'Autriche, à lui inspirer des velléités de vengeance, enfin à lui faire oublier les liens qui l'attachaient à Napoléon. La Prusse était dans un accord secret avec la Russie; les agens d'Alexandre, son propre aide-de-camp Czernitscheff séduisait à Paris même les employés du ministère de la guerre, et lisait, par ce moyen, dans la statistique de nos régimens et de tout notre matériel.

Napoléon, lui aussi, se montrait insatiable : il ne lui avait pas suffi du Piémont, de la Lombardie, de l'État de Venise, de la France au delà du Rhin ; il avait détruit la Prusse, fondé le royaume de Westphalie, détrôné l'électeur de Hesse, le prince de Brunswick ; il s'était emparé de la Poméranie suédoise, du Hanovre, des villes anséatiques, de la Hollande, de l'Illyrie, de la Dalmatie, des îles Ioniennes, de la Carinthie, de la Toscane, des États du pape, du royaume de Naples, du duché de Gênes, de l'Espagne, du Portugal, sans compter le Tyrol donné à la Bavière, la dépouille du prince primat, enlevée aux Allemands pour le prince Eugène; du duché de Varsovie, concédé au roi de Saxe, et de tant d'autres enclaves dont il avait disposé souverainement. Non content de la couronne de France, il y avait joint celle d'Allemagne, fait déguisé sous le titre de *Protecteur de la confédération du Rhin*. Enfin il avait envahi jusqu'à la liberté helvétique, avec son titre de *Médiateur de la confédération suisse*.

Toutes ces usurpations, consommées avant 1812, en faisaient craindre d'autres non moins importantes. Nul souverain ne se croyait solidement assis sur son trône, depuis surtout que l'empereur avait détruit l'œuvre de sa main en brisant la couronne d'Étrurie et la couronne de Hollande sur la tête de son propre frère. Ainsi donc, le nom de Napoléon inspirait une profonde terreur dans le collége des rois, et déjà, parmi les peuples de l'Allemagne, s'élevait un murmure d'émancipation, des bruits d'indépendance et de liberté, que les despotes les plus absolus ne cherchèrent point à étouffer; c'était là leur chance de salut la mieux fondée. Ainsi, le désespoir ranimait des courages engourdis, ainsi l'Europe épouvantée se ligua d'abord en secret contre Napoléon, puis bientôt au grand jour, quand les élémens se furent déclarés en faveur de la ligue contre l'empire. Cependant les animosités étaient encore enchaînées au fond des cœurs, et, tandis que les haines couvertes s'y amassaient, a ville de Paris se livrait tout entière aux brillans plaisirs, à la joie éclatante, pendant l'hiver de 1811 à 1812. Ce fut pour la dernière fois.

Le premier de janvier 1812, j'étais dans un petit cabinet qui donnait sur la cour des cuisines, lorsque j'entendis le colloque suivant; il me frappa peu d'abord; mais plus tard je me le rappelai, et mon étonnement fut inexprimable.

Deux individus, cocher, palfrenier ou laquais,

causaient entr'eux de la nouvelle année, des étrennes. L'un dit à l'autre :

— J'ai eu cette nuit un singulier cauchemar. Figurez-vous, M. Lirron, que j'ai rêvé que nous avions été battus par les Russes dans leur pays, et qu'ils nous avaient reconduits jusque sur les hauteurs de Montmartre.

Là dessus l'interlocuteur se récria sur la paix, sur l'amitié d'Alexandre pour Napoléon; l'autre reprit :

— Je ne sais pourquoi je crois à la guerre, mais je suis persuadé qu'elle aura lieu; mon fils, *qui est* somnambule, *comme ils disent*, ne voit, quand il dort éveillé, que du sang, que des cadavres; il dit que la tête lui fend des coups de canon qu'il ne cesse d'entendre; ça tournera mal, croyez-moi.

En ce moment j'entendis une troisième voix appeler M. Lirron, et la conversation en resta là. Oserai-je avouer que ces appréhensions, fondées sur rien, sur les rêveries d'un somnambule, me parurent de mauvais augure. C'est qu'il n'existe pas un homme, je crois, qui n'ait sa dose de superstition. L'éducation, la religion, l'étude, se réunissent en nous pour la combattre, mais l'instinct est le plus fort : il triomphe malgré qu'on en ait, nous inflige ses impressions, et c'est peut-être la plus grande preuve que l'on puisse alléguer de la faiblesse humaine.

J'ai dit que Napoléon voulait la guerre; Alexandre la voulait aussi. Le premier s'était emparé de vive force des États du prince d'Oldenbourg, beau-frère de l'empereur de Russie, sous prétexte qu'il commerçait avec l'Angleterre. Un tel acte ne pouvait pas rester inaperçu ; il devint un des motifs plausibles auxquels le czar voulait donner de l'importance : il commença à se plaindre, doucement d'abord, parla d'envoyer à Paris M. de Nesselrode, mais ce diplomate n'y vint point.

Napoléon pensa alors à traiter avec la Prusse. Cette puissance, du consentement de la Russie, se prêta à entrer en négociations, sauf, plus tard, et comme elle le fit, à rompre un pacte imposé par la force à la faiblesse. Le traité signé, l'empereur fit appeler M. de Czernitscheff et le lui communiqua. L'aide-de-champ d'Alexandre partit le 25 juin de Paris pour aller porter cette nouvelle à son maître. Le surlendemain, en enlevant dans son appartement des tapis pour les battre, on trouva des papiers qui s'étaient glissés dessous, quand on les brûlait; ils donnèrent l'éveil d'une trahison, et peu après on obtint la preuve qu'un nommé Michel, employé au ministère de la guerre, avait communiqué à Czernitscheff l'état de situation de l'armée et de son matériel.

C'était une chose vraiment funeste. Napoléon en sentit l'importance; le coupable surpris (on le reconnut à la comparaison qui fut faite de l'écriture de tous les employés du ministère de la guerre), on le mit en jugement; condamné par les pièces et par son propre aveu, il fut mis à mort.

L'empereur appela son beau-père à son secours. François II, pour l'endormir, fit comme la Prusse, accéda à toutes ses demandes, attendant du temps et de la fortune la rupture d'une alliance où il ne jouait pas le premier rôle. En même temps, Napoléon adressa des propositions de paix au cabinet de Londres ; mais celui-ci répondit qu'avant de traiter il fallait rendre à Ferdinand VII le trône d'Espagne. Pour quiconque connaissait le caractère de notre empereur, c'était un refus.

Enfin l'*ultimatum* de l'empereur Alexandre fut connu ; le baron de Serdobin l'apporta, et le 24 avril, le prince Kourakin, ambassadeur de Russie, le remit à M. Maret ; il était péremptoire ; il fallait, avant de traiter, que la Prusse fût entièrement délivrée de la présence des troupes françaises, et que celles-ci ne se reposassent dans leur retraite qu'après avoir franchi le Rhin. Le 11 mai, Kourakin déclara les négociations rompues et demanda ses passeports.

Mais Napoléon n'avait pas attendu cette circonstance ; pressé de se rapprocher du théâtre de la guerre, il était parti l'avant-veille pour Mayence, accompagné de l'impératrice. Cette princesse devait aller avec lui à Dresde, où l'empereur François II se rendrait pour voir sa fille chérie, et certainement pour lui donner ses instructions dans le cas de catastrophes prévues, et lui enseigner sans doute ce qu'elle aurait à faire pour paralyser, au dernier moment, les bonnes dispositions de la France.

Le 12, Napoléon était à Mayence, où il vit arriver le prince primat. Celui-ci avait reconnu que désormais sa fortune serait attachée à celle de la France; en conséquence, il avait travaillé pour la cause commune en cherchant à surprendre la politique des divers cabinets.

Je tiens de lui-même, car il m'honorait de ses bontés, qu'introduit auprès de l'empereur, celui-ci, dès qu'il le vit, lui dit en riant:

— Je gage, prince, que votre sac de nuit est rempli de mauvaises nouvelles.

— Hélas! oui, Sire, et vraies, ce qui est pis.

— Du moins vous les croyez telles, et vous en avez peur; voyons-les?

Alors le prince mit sous les yeux de l'empereur des notes qui annonçaient une vaste alliance conclue entre la Russie et l'Angleterre avec la Suède, la Prusse, les États du Nord de l'Allemagne, la Bavière et l'Autriche.

— C'est incroyable, c'est absurde ! s'écria Napoléon.....; quoi, mon beau-père !..... la Suède, la Prusse ! Les autres, passe ; mais l'Autriche, mais la Bavière, celle-ci que j'ai comblée !..... Prince, vos émissaires veulent me brouiller avec mes amis.

— Sire, je les tiens pour bien instruits, pour des serviteurs fidèles.

— J'en doute, et vous conjure de ne rien répandre de ces nouvelles ; cela pourrait causer quelque peine à l'impératrice.

— Je ne pus, continua le prince, lui faire ouvrir les yeux ; en vérité, on devient aveugle quand on doit être malheureux.

Ce fut par cet étrange propos que S. A. R. le prince primat termina sa confidence. Le 13, il donna à dîner chez lui, à Aschaffenbourg, à LL. MM. qui, le même soir, couchèrent à Wurtzbourg, chez le futur grand-duc de Toscane, oncle de l'impératrice ; là, le roi de Wurtemberg et le grand-duc de Bade rendirent leurs hommages à Napoléon et à Marie-Louise.

A Freyberg, le respectable roi de Saxe vint à la rencontre de ses hôtes illustres qui arrivèrent avec lui, à Dresde, le 16 à dix heures du soir. Le 17, l'empereur d'Autriche et sa quatrième femme couchèrent également dans la même ville. Napoléon et François ne s'étaient pas vus depuis leur dernière et première rencontre, le lendemain de la bataille d'Austerlitz, lorsque l'empereur d'Allemagne était venu se chauffer au feu de bivouac de son vainqueur et lui demander la paix ; cette paix qu'il viola trois ans après et qu'il était sur le point de violer une dernière fois encore. Et l'on a osé parler de la loyauté des rois ! ! !

Dresde devait, comme l'avait été Erfurth trois ans auparavant, devenir un lieu de réunion où la plupart des souverains s'étaient donné rendez-vous. Tandis que l'ex-empereur d'Allemagne entrait par une porte, la reine de Westphalie, le grand-duc de Wurtzbourg venaient chacun de leur côté. Le 26, le roi de Prusse parut; le prince royal, son fils, arriva aussi le 27.

Tous les princes voisins ne manquèrent pas de venir rendre leurs devoirs à ces majestés. La réunion fut complète ; on rencontrait souvent une tête couronnée ; les grands-ducs faisaient foule, et plus d'une fois, à l'audience de Napoléon, il y eut embarras de rois et cohue de princes. Ces magnificences qui cachaient des négociations politiques finirent le 4 juillet, où tout le monde se dispersa. Marie-Louise alla prendre les eaux de Tœplitz : puis, se rendit à Prague, pour y faire une visite à son père; on l'y traita avec une distinction marquée et d'autant plus affectueuse, qu'on la retrouva tout autrichienne; sa dame d'honneur ayant, comme on l'a vu, négligé de la rendre française.

Napoléon, toujours impatient, ne s'était pas endormi cette fois dans les plaisirs de Dresde; il en était sorti le 29 mai, se portant en avant, et le 30 il entrait en Pologne, ignorant encore la conclusion du traité de Bucharest qui venait de mettre fin aux hostilités entre la Porte et la

Russie et remettre à la disposition de cette dernière puissance un corps d'armée considérable qu'elle pourrait opposer aux Français.

Le 7 juin, Napoléon était à Dantzick ; le 11, à Kœnigsberg. Déjà, il venait de perdre un allié qu'il aurait pu rattacher à sa cause, la Suède; il refusa de lui accorder un subside qu'elle demandait, et, par des paroles hautaines, exaspéra le prince royal qui passa aux ennemis, charmés de compter dans leurs rangs un aussi habile capitaine. Le 19, il était à Gunbinen. Ce fut là qu'apprenant que l'empereur Alexandre persistait dans ses propositions arrogantes, il s'écria :

— Les vaincus prennent le ton des vainqueurs ; ils nous provoquent, et nous aurions sans doute à les remercier! Acceptons comme une faveur l'occasion qui nous fait violence, et passons le Niemenn.

Le 22, à Wilna, parut la proclamation impériale, celle qui précédait toujours l'ouverture de la campagne.

« SOLDATS,

« La seconde guerre de Pologne est commen-

« cée ; la première s'est terminée à Friedland et
« à Tilsitt. La Russie a juré alliance éternelle à
« la France et guerre à l'Angleterre ; elle viole
« aujourd'hui ses sermens ; elle ne veut donner
« aucune explication de cette étrange conduite,
« que les aigles françaises n'aient repassé le Rhin,
« laissant par là nos alliés à sa discrétion. La
« Russie est entraînée par la fatalité, ses destins
« doivent s'accomplir !... Nous croit-elle dégéné-
« rés ?... ne sommes-nous plus les soldats d'Aus-
« terlitz?... Elle nous place entre le déshonneur
« et la guerre ; le choix ne saurait être douteux.
« Marchons donc en avant ; passons le Niémenn ;
« portons la guerre sur son territoire. La seconde
« guerre de Pologne sera glorieuse aux armées
« françaises comme la première ; mais la paix
« que nous conclurons portera avec elle sa ga-
« rantie et mettra un terme à la funeste influence
« que la Russie a exercée depuis cinquante ans
« sur les affaires de l'Europe.

« NAPOLÉON. »

Des préparatifs immenses avaient été faits
pour appuyer la fierté de cette déclaration ; ce

langage hardi plaisait à la France et à l'armée. Quatre cent mille hommes de toutes armes, nationaux ou étrangers composaient cette grande armée partagée en dix corps : deux cent mille formaient l'avant-garde.

La campagne commença; je ne la décrirai point; de beaux faits d'armes eurent lieu. La première armée russe battue, traquée, poursuivie l'épée dans les reins, chercha une retraite sur Smolensk. Le 27 juillet, nous entrâmes à Witepsk. Le 17 août, une bataille meurtrière nous livra Smolensk que les Russes incendièrent en l'évacuant. Le 5 septembre, nous fûmes vainqueurs à Borodino. Le 7, à Mojaïsk eut lieu la grande bataille qu'on a appelée la bataille de la Moskowa. Le 11, nous entrâmes à Moscow, ou plutôt nous assistâmes à la destruction de cette ville sainte, que son gouverneur Rotopskin incendia.

Cette action déterminée changea toutes les chances présumées de la guerre; Moscow intacte, avec les provisions immenses qui y étaient renfermées, l'armée française pouvait y passer l'hiver, attendre la belle saison. Mais Moscow détruite, dévorée par les flammes, le but de la campagne était manqué. La prudence eût voulu que, satisfait de ce funeste trophée, Napoléon eût ramené ses soldats en Pologne où il aurait laissé passer la saison des glaces et attendu le retour du printemps pour rentrer en campagne.

Dieu voulait perdre Napoléon : il l'aveugla, il lui inspira la folle idée que l'hiver serait retardé. Il attendit des propositions de paix qui ne vinrent pas. Enfin, toute illusion étant détruite, le 17 octobre, un mois trop tard, l'ordre de battre en retraite fut donné.

A ce signal, les Russes coururent aux armes; accoutumés aux rigueurs du climat, ils les soutenaient vigoureusement, tandis que nos troupes accablées succombèrent à la fois sous le mal physique et le découragement moral. Le 24 octobre, Napoléon rencontra l'armée russe, commandée par le prince Kutüsoff, à Malo-Jaroslawetz. Le combat fut opiniâtre; nous eûmes l'avantage.

Le 26, l'armée française se dirigea par Borraw et Werga, près de Mojaïsk. Vingt régimens de cosaques, commandés par le général Platoff et deux corps d'armée sous les ordres du général Miloradowicht, nous suivirent pied à pied ; bientôt la famine pénétra dans nos rangs et aggrava notre situation.

Le 2 novembre, un froid rigoureux se fit sentir pour la première fois. Les soldats français mouraient par milliers, de faim et de froid. Le 22 novembre, eut lieu le passage de la Bérésina, la plus lugubre journée qu'ait eu à recueillir l'histoire d'aucun peuple. Tous les détails en sont connus ; on ne sait que trop combien de braves y perdirent la vie ; aussi ne m'y arrêterai-je pas ; cependant, comme à cette occasion j'ai relu le fameux vingt-neuvième bulletin, je ne résiste point au désir de transcrire ici quelques uns des fragmens les plus saillans de cette pièce historique, écrite sous la dictée de Napoléon.

« Jusqu'au 6 novembre, le temps a été par-
« fait et le mouvement de l'armée s'est exécuté
« avec le plus grand succès. Le froid a com-
« mencé le 7 ; dès ce moment, chaque nuit,

« nous avons perdu plusieurs centaines de
« chevaux qui mouraient au bivouac. Arrivés
« à Smolensk, nous avions bien perdu des che-
« vaux de cavalerie et d'artillerie...... Le froid
« s'accrut subitement, et, du 14 au 16, le ther-
« momètre marqua 16 degrés au dessous de
« glace. Les chemins furent tous couverts de
« verglas...... Plus de trente mille chevaux pé-
« rirent. En peu de jours, notre cavalerie se
« trouva toute à pied. Notre artillerie et nos
« transports se trouvèrent sans attelage ; il fallut
« abandonner et détruire une bonne partie de
« nos pièces et de nos munitions de guerre et
« de bouche.

« Cette armée si belle le 6 était bien diffé-
« rente le 14 ; presque sans cavalerie, sans
« artillerie, sans transport; sans cavalerie, nous
« ne pouvions nous éclairer à un quart de
« lieue ; cependant, sans artillerie, nous ne pou-
« vions pas risquer une bataille de pied ferme.
« Il fallut marcher pour n'être pas contraint
« à une bataille que le défaut de munition nous
« empêchait de livrer ; il fallait occuper un cer-

« tain espace pour n'être pas tourné, et cela
« sans cavalerie qui éclairât et qui liât les colon-
« nes. Cette difficulté, jointe à un froid excessif
« subitement venu, rendit notre situation fâ-
« cheuse. Des hommes que la nature n'a pas
« trempés assez fortement pour être au dessus
« de toutes les chances du sort et de la fortune
« perdirent leur gaîté, leur bonne humeur, et
« ne rêvèrent que calamités et que catastrophes.
« Ceux qu'elle a créés supérieurs à tout conser-
« vèrent leur gaîté et leur manière ordinaire,
« et virent une nouvelle gloire dans les diffi-
« cultés à surmonter.

« L'ennemi, qui voyait sur les chemins les
« traces de cette affreuse calamité qui frappait
« l'armée française, chercha à en profiter; il
« enveloppait toutes les colonnes par les Cosa-
« ques qui enlevaient, comme les Arabes dans
« le désert, les trains et les voitures qui s'écar-
« taient. Cette méprisable cavalerie qui ne fai-
« sait que du bruit et qui n'était pas capable d'en-
« foncer une compagnie de voltigeurs, se rendit
« redoutable à la faveur des circonstances. Cepen-

« dant l'ennemi eut à se repentir de toutes
« les tentatives sérieuses qu'il voulut entre-
« prendre.....

« Le 26 et le 27, toute l'armée passa la Bé-
« résina..... Elle chariait assez de glaces : elle
« est large de quarante toises et ses bords sont
« couverts de marais glacés, de cinq cents toises
« de long, ce qui la rend difficile à traverser.....
« La division Partouneau s'égara, et cette cruelle
« méprise nous fit perdre deux mille hommes
« d'infanterie, trois cents chevaux et trois
« pièces de canon...... L'armée sans cavalerie,
« faible en munitions, horriblement fatiguée de
« cinquante jours de marche, traînant à sa suite,
« ses malades et ses blessés de tant de combats,
« avait besoin d'arriver à ses magasins.

« Dire que l'armée a besoin de rétablir sa
« discipline, de se refaire, de remonter sa cava-
« lerie, son artillerie et son matériel, c'est le
« résultat de l'exposé qui vient d'être fait. Le
« repos est son premier besoin...... Notre cava-
« lerie était tellement démontée, que l'on a dû
« réunir les officiers à qui il restait un cheval,

« pour en former quatre compagnies de cent
« cinquante hommes chacune. Les généraux
« y faisaient fonction de capitaine, et les colo-
« nels celles de sous-officiers. Cet escadron
« sacré, commandé par le général Grouchy, sous
« les ordres du roi de Naples, ne perdait pas
« de vue l'empereur dans tous ses mouvemens.

« La santé de sa majesté n'a jamais été
« meilleure. »

Ce sinistre bulletin, bien que significatif, ne donnait pas l'étendue de nos pertes, il ne parlait pas de la désorganisation complète de la Pologne, de l'audace que prenaient les nations voisines, des exigences que l'Autriche déjà mettait en avant. Il ne disait pas qu'il faudrait quatre cent mille hommes nouvellement formés, pour remplacer ceux qui n'étaient plus; que la discorde était dans les débris de l'armée; que le roi de Naples, cruellement outragé, se retirait le cœur rempli d'un mauvais levain; que les alliés laissaient éclater une joie sinistre à l'aspect de ces désastres.

Tout cela on nous le taisait. La police, qui

venait d'être surprise, redoublait d'astuce pour nous aveugler, et nous devions encore marcher de déception en déception. Ce bulletin si effrayant, arriva à Paris peu de jours après l'issue d'une tentative sans pareille, qui, pendant quelques heures, avait suspendu l'action du gouvernement en annonçant la mort de l'empereur. Ce fait étrange, unique dans l'histoire des peuples, mérite d'être consigné, surtout dans un livre qui doit peindre l'empire sous tous les aspects.

Claude-François de Malet, né à Dôle, en Franche-Comté, le 28 juin 1754, était de noble extraction, et son père, militaire de mérite, fut décoré de la croix de Saint-Louis. Malet, né pour les armes, entra dans sa seizième année aux mousquetaires où l'on ne recevait rigoureusement que des gentilshommes; mais, quatre ans après, en 1774, le comte de Saint-Germain ayant licencié la maison rouge, M. de Malet rentra dans sa famille où, pendant plusieurs années, il partagea son temps entre les travaux sérieux et les plaisirs de la société où sa figure charmante, son esprit enjoué, son urbanité délicate et mille autres agrémens en faisaient un homme remarquable. Très-porté à la galanterie, il finit par ne plus chercher de conquêtes que dans les rangs des dames ; cela lui fit négliger le service militaire, et, quand la révolution éclata, il n'était attaché à aucun régiment.

La révolution plut à tous les esprits ardens qui saluèrent avec joie son aurore. Malet fut du nombre de ceux-ci. En 1790, l'exaltation de son patriotisme le fit nommer par ses concitoyens qui, la plupart, étaient ses amis, commandant de la garde nationale de Dôle; ses subordonnés le mirent à la tête des députés qui prirent part à la célèbre fête de la Fédération que la ville de Paris célébra au Champ-de-Mars avec tant de pompe.

Capitaine de volontaires, il partit le premier, lors de la première réquisition. Le vicomte de Beauharnais, général en chef, ne tarda pas à découvrir son mérite, et se l'attacha en qualité d'aide-de-camp. Un beau fait d'armes l'éleva au grade d'adjudant-général. On l'envoya, en 1799, à l'armée des Alpes, avec le titre de général de brigade. Championnet, qui commandait en chef, le prit en amitié. La fortune les sépara ; Malet eut un commandement à l'intérieur. En 1805, il était à l'armée d'Italie, secondait Massena avec zèle dans le gouvernement de Pavie, qui lui avait été confié.

Mais déjà ses principes, marqués dès l'origine par une extrême exagération, n'étaient plus en harmonie avec ceux du jour. L'empire s'élevait, et l'on ne voulait plus que des hommes monarchiques. Malet restait républicain ; il fut disgracié. Il vécut à Paris, s'y lia avec les débris épars du jacobinisme, conspira avec eux, et néanmoins mit dans ses démarches assez d'adresse pour ne donner aucune prise sur lui. Cependant, comme on le soupçonnait, il fut arrêté et enfermé au Temple, en 1808. Quelques années après, à l'occasion, je crois, de la naissance du roi de Rome, il obtint sa translation dans une maison de santé, faveur qu'il dut aux instantes démarches de sa femme... Douée d'un caractère élevé, intrépide, ferme, généreuse, possédant les vertus de la famille et les qualités du monde, belle, aimable, bienfaisante, madame de Malet conquérait tous les cœurs et s'attirait de nombreux amis qui ne pouvaient se défendre de la chérir et de l'estimer.

Le général Malet, plus libre de ses mouvemens, conçut à lui seul un plan dont les développemens prouvent son calme, son audace, sa méditation, sa connaissance des hommes et ce génie supérieur qui se pose au milieu des événemens et qui les domine en maître. Il imagina de supposer la mort de Bonaparte, la délibération du sénat qui avait créé un nouveau ministère et un gouvernement provisoire, aidé de l'abbé Lafond, royaliste qu'il trompait en lui laissant croire qu'il travaillait pour rétablir la monarchie des Bourbons; il confectionna les pièces, titres, documens dont il avait besoin, et, seul, sans confident, sans appui, sans caisse, sans ressource, tenta de renverser la forte organisation du système impérial.

Dans la nuit du 23 au 24 octobre, il s'évade de la maison de santé, revêt le costume de général, se donne un aide-de-camp d'emprunt, va aux casernes, se fait ouvrir la porte au nom du sénat; intime au commandant Soulier de faire mettre la troupe sous les armes, marche avec elle à la Force, fait mettre en liberté les généraux Guidal et Lahorie, et poursuit son entreprise.

A l'Hôtel-de-Ville, il intime au préfet de la Seine, Frochot, de préparer une salle pour l'installation du gouvernement provisoire, et Frochot obéit. Pendant ce temps, l'abbé Lafond, en costume séculier, arrête le préfet de police, tandis que le général Lahorie enlève le duc de Rovigo et le conduit à la Force où il est écroué.

Le succès jusque-là avait couronné cette audacieuse entreprise. Malet, pour dernier coup, se rendit à l'état-major de la place pour arrêter le général Hullin, qui commandait. Malet lui raconta sa fable; mais Hullin n'en fut pas dupe et refusa d'obtempérer aux ordres de Malet. Pressé d'en finir, celui-ci lui tira à bout portant un coup de pistolet qui ne tua point le général, mais lui fracassa la mâchoire. Au même moment, l'adjudant Laborde se jeta sur Malet, s'en empara et tout fut fini. Les mêmes soldats, qui tout à l'heure lui obéissaient, l'arrêtèrent et le reconduisirent en prison. Les généraux Guidal et Lahorie, détenus pour diverses causes, furent, ainsi que le commandant Soulier et quelques officiers inférieurs, mis le lendemain en jugement devant un conseil de guerre, condamnés à mort, et exécutés dans la plaine de Grenelle.

Malet, à qui on demanda quels étaient ses complices, répondit : — Si j'avais réussi, j'aurais eu pour complices la France, l'Europe et vous-mêmes. Son supplice et celui de ses compagnons eurent lieu le 29 octobre 1812[1].

Le jour où éclata sans bruit la conspiration de Malet, dont on apprit l'avortement en même temps que la conception, mon valet de chambre

---

[1] Malet, en mourant, laissa deux fils en bas âge et une veuve inconsolable. Madame de Malet vécut pour élever ses fils qui sont aujourd'hui des hommes faits et des militaires très-distingués. Quant à leur noble mère elle est morte épuisée de chagrins et dans l'exercice des vertus bienfaisantes. Je crois qu'elle n'a pas vu la révolution de 1830.

entra chez moi tout effaré et la figure renversée. Il pouvait être neuf heures du matin.

— M. le comte, me dit-il, vous ne savez pas la nouvelle? Il n'y a plus d'empereur; nous avons la république ou un roi.

— Que dis-tu, mon pauvre ami? tu as perdu la tête?

— Non, Monsieur; on vient d'envoyer le duc de Rovigo à la Force, et je l'ai vu passer.

— Toi?...

— Oui, moi, Monsieur.

— Le ministre de la police en prison !

— Il y a bien pis que cela; un de nos voisins était à la porte des Madelonnettes, lorsqu'on y a fait entrer l'impératrice avec son fils.

Oh ! pour le coup, c'était trop fort; moi qui savais l'impératrice à Saint-Cloud, je ne sus que penser de ce récit incroyable. J'étais habillé, je fis mettre les chevaux à ma voiture, et, dans mon inquiétude, je m'en allai chez l'archichancelier devenu mon voisin, depuis qu'il occupait l'ancien hôtel Molé et de Monaco. On me laissa entrer. Je trouvai S. A. S. dans un état de stupeur impossible à décrire ; calculant ce qui pouvait être vrai, ne comprenant rien à ce mouvement militaire, et, le dirai-je, me paraissant très-disposé à se soumettre aux événemens.

Sur cette entrefaite, l'adjudant Laborde arriva lui-même, si ma mémoire ne me trompe pas ; il annonça l'arrestation du général Malet et la fin de cette échauffourée incroyable. Nous le félicitâmes sur son courage. Je pris congé du prince, et d'un tour de roue je courus à Saint-Cloud où j'arrivai le premier. Mon zèle toucha l'impératrice d'autant qu'elle ne savait pas un mot de l'aventure et qu'elle se croyait en pleine sûreté.

Les plaisanteries ne manquèrent pas au ministre de la police ; on le qualifia de *duc de la Force*, on le chansonna, on tourna en ridicule sa surveillance qui aboutissait à se laisser arrêter dans son hôtel, comme un filou, dans sa chambre ; plaisanteries très-déplacées, car je donne au plus habile à deviner ce qu'un homme complôte seul, ou ce qu'il trame avec un ou deux amis incorruptibles. Toute l'adresse de la police n'y peut rien. On plaisanta sur la blessure très-grave du général Hullin. Comme il était d'une assez forte corpulence, on le surnomma à cette occasion, *le gros bouffe la balle*, et le sobriquet lui en est toujours resté dans la chaussée d'Antin.

Quant à Savary, sa colère ne connut pas de bornes; il fut un des plus empressés à hâter le le jugement des coupables; l'archichancelier demandait que, vu la gravité du cas, on attendît le retour de l'empereur qui devait arriver très-prochainement. Le préfet de la Seine, comte Frochot, qui s'était soumis aux ordres du chef de la conjuration, devint la brebis galeuse du troupeau; on le mit à l'index; vainement il voulut se justifier, il porta la peine pour tous; on lui reprocha sa pusillanimité; on le déclara, sinon traître, du moins incapable et l'on ne douta pas de son châtiment. Il en fut quitte pour perdre la préfecture de la Seine et sa place de conseiller d'État. M. de Chabrol, préfet de Savone, fut appelé à le remplacer. Sa nomination, qui eut lieu quelque temps après, fut marquée par quelques circonstances assez extraordinaires que je crois devoir rapporter. M. de Chabrol, gendre de l'archi-trésorier, bien que la préfecture de Montenotte ne fût pas une des plus importantes de l'empire, s'y était fait remarquer comme un administrateur très-zélé et d'un talent supérieur. Sa conduite avait été pleine de mesure avec le pape pendant le long séjour de sa sainteté à Savone; il avait su concilier ses devoirs de préfet et ceux d'homme; en outre il avait, presque enfant, fait partie de l'expédition d'Égypte, attaché aux ponts et chaussées. On sait que c'était une recommandation très-puissante auprès de l'empereur que d'avoir été en Égypte. Un jour donc que Napoléon s'occupait dans son cabinet, avec l'archichancelier du choix d'un nouveau préfet de la Seine, sa majesté, ayant regardé par la fenêtre de son cabinet donnant sur le jardin des Tuileries, dit tout à coup à Cambacerès : — Regardez-donc : n'est-ce pas le gendre de Lebrun qui se promène là ? — Effectivement, Sire, je crois que c'est lui... L'empereur sonne; il désigne le promeneur à un valet de chambre, et lui donne l'ordre de le faire monter sur-le-champ.

M. de Chabrol est amené, ne supposant pas la bonne fortune qui l'attendait. Il faut savoir que M. de Chabrol était alors très-jeune, et que surtout il paraissait l'être plus encore qu'il ne l'était en effet. L'empereur, extrêmement gracieux en ce moment, lui adressa les paroles les plus obligeantes sur sa conduite à Savone; après quoi il lui dit : — J'avais pensé à vous donner la préfecture de la Seine, mais vous êtes bien jeune. Quel âge avez-vous? — Sire, précisément l'âge qu'avait Votre Majesté à la bataille de Marengo. M. de Chabrol fut préfet de la Seine; M. Pasquier remplaça M. Dubois à la préfecture de police.

Cependant Napoléon, ayant mis son armée en quartiers d'hiver, se rendit à Varsovie où il s'arrêta quelques heures. M. l'archevêque de Malines, baron de Pradt, rend un compte bizarre de l'emploi de ce temps. Comme il est démenti par Napoléon, je crois qu'il est permis de n'accueillir son témoignage qu'avec une extrême réserve. L'empereur, accompagné seulement de M. de Caulaincourt, traversa rapidement l'espace qui le séparait de Paris, non sans avoir couru le danger d'être arrêté en route par des partisans déterminés qui le manquèrent, dit-on, de quelques minutes.

Il était nuit quand il arriva aux Tuileries où l'impératrice était couchée; il eut de la peine à se faire ouvrir les portes. Son apparition fut un coup de théâtre, la frayeur de la tentative de Malet faisant craindre qu'on n'essayât d'enlever l'impératrice. La joie fut grande quand on le reconnut. En revoyant César, on s'imaginait qu'il ramenait sa fortune, il n'en était rien. César désormais n'aurait plus qu'à se débattre glorieusement contre la fortune, mais il ne devait plus la dominer en maître.

Napoléon, en rentrant à Paris, ne songea qu'à la conspiration insolente qui venait d'échouer; il en parla à tout le monde. Voici ses réponses au sénat et au conseil d'État, qui vinrent le complimenter sur son *heureux retour*. S'adressant au premier, il dit :

« Sénateurs, ce que vous me dites m'est fort
« agréable..... Des soldats timides et lâches per-
« dent l'indépendance des nations; mais des
« magistrats pusillanimes détruisent l'empire
« des lois, les droits du trône et l'ordre social
« lui-même.

« La plus belle mort serait celle d'un soldat
« qui périt au champ d'honneur, si la mort d'un
« magistrat périssant en défendant le souverain,
« le trône et les lois, n'était plus glorieuse en-
« core.

« Lorsque j'ai entrepris la régénération de la
« France, j'ai demandé à la Providence un nom-
« bre d'années déterminé..... Le plus grand be-
« soin de l'État est celui de magistrats coura-
« geux.

« Nos pères avaient pour cri de ralliement :
« *Le roi est mort! Vive le roi!* Ce peu de mots
« contiennent les avantages de la monarchie.....
« J'ai réfléchi à ce qui a été fait aux diverses épo-
« ques de notre histoire; j'y penserai encore...»

3.

Il répondit au conseil d'Etat:

« ..... C'est à l'idéologie, à cette ténébreuse
« métaphysique qui, en cherchant avec subti-
« lité les causes premières, veut, sur ses bases,
« fonder la législation des peuples, au lieu d'ap-
« proprier les lois à la connaissance du cœur
« humain et aux leçons de l'histoire, qu'il faut
« attribuer tous les malheurs qu'a éprouvés notre
« belle France. Ces erreurs devaient et ont en
« effet amené le régime des hommes de sang.
« En effet, qui a proclamé le principe de l'in-
« surrection comme un devoir? qui a adulé le
« peuple en le proclamant à une souveraineté
« qu'il est incapable d'exercer? qui a détruit la
« sainteté et le respect des lois en les faisant
« descendre, non des principes sacrés de la jus-
« tice, de la nature des choses, de la loi civile,
« mais seulement de la volonté d'une assemblée
« composée d'hommes étrangers à la connais-
« sance des lois civiles, criminelles, adminis-
« tratives, politiques, militaires? Lorsque l'on
« est appelé à régénérer un Etat, ce sont des
« principes constamment opposés qu'il faut

« suivre. L'histoire peint le cœur humain, c'est
« dans l'histoire qu'il faut chercher les avan-
« tages et les inconvéniens des différentes légis-
« lations. Voilà les principes que le conseil d'É-
« tat d'un grand empire ne doit jamais perdre
« de vue; il doit y joindre un courage à toute
« épreuve, et, à l'exemple des présidens Harlay
« et Molé, être prêt à périr en défendant le sou-
« verain, le trône et les lois. »

CHAPITRE II.

Si la gaîté, l'amour des fêtes et du plaisir regnaient encore en France et notamment à Paris au commencement de l'année 1812, il s'en faut bien qu'il en ait été de même au commencement de l'année suivante. Il y avait, pour ainsi dire, dans l'air, des miasmes de tristesse comme sous un ciel de plomb, aux approches d'un de ces fléaux destructeurs qui déciment les populations. Quelle différence avec le passé ! Alors la paix venait toujours à la suite de la gloire, mais, en 1813, il n'y avait point de paix, même en perspective, mais la plus grande armée des temps modernes avait été détruite, mais la gloire avait coûté bien cher, et, comme elle était sans résultats, on pouvait la contester. L'Europe entière nous menaçait d'une conflagration universelle, et cependant l'empereur ne voulait voir à sa cour que des visages rians. Un de nos collègues ayant cru plaire à sa majesté en montrant une figure de condoléance, l'empereur lui dit très-sèchement :

— Monsieur, quand on rêve à se faire enterrer, on reste chez soi. Je n'aime pas que l'on se donne l'air d'être plus affligé que je ne le suis moi-même.

Napoléon voulut en effet que l'on dansât beaucoup, qu'on donnât des fêtes. Il paraissait chercher à s'étourdir. Tout à coup on nous signifie qu'il faut se rendre à Fontainebleau. Au mois de janvier, l'agréable voyage ! il fallut obéir. Nous partîmes le 19. L'empereur, le même jour, accompagné de l'impératrice, chassa à Grosbois. Leurs majestés couchèrent à Fontainebleau.

Le pape y avait été conduit de Savone ; on avait craint un débarquement d'Anglais qui eussent enlevé le saint père ; d'ailleurs l'empereur, redoutant que la prolongation des querelles religieuses ne détachât de sa cause un grand nombre de Français, souhaitait un accord avec le chef de l'Église ; cela devenait nécessaire à ses plans nouveaux.

Une représentation souveraine environnait Pie VII, à qui on avait rendu plusieurs cardinaux de son conseil en lui promettant les autres. L'empereur, presque immédiatement après son arrivée, se transporta dans l'appartement du pape. L'entrevue fut longue, elle dura deux heures. D'abominables, de hideuses calomnies ont prétendu que l'empereur, oubliant tous égards, toute retenue, aurait porté la main sur le pape et l'*aurait traîné par ses cheveux blancs*. C'est un mensonge exécrable ; Napoléon était trop habile pour agir ainsi : il essaya de changer les dispositions de sa sainteté, mais par la douceur et la persuasion. Il fut envers elle gracieux, poli, affectueux; il lui promit peut-être plus qu'il n'aurait tenu, mais jamais il ne s'oublia au point de frapper un vieillard, un souverain, le chef de sa religion.

Certes si cette scène affreuse, si ce hideux attentat avait eu lieu, tout Fontainebleau en eût retenti; un grand nombre de ceux qui, comme moi, furent du voyage et dont beaucoup vivent encore, savent avec quelle audace les allégations des libellistes ont outragé la vérité. Mais que de gens aiment à jouer le rôle d'un certain *personnage* que je ne veux pas nommer et qui figure dans la fable du *Lion mourant*.

Si le 19 janvier le pape eût été *traîné par ses cheveux blancs* de la main sacrilége de l'empereur, assurément, le lendemain 20, on n'aurait pas vu Pie VII, en grands habits pontificaux, rendre à l'empereur sa visite, accompagné des cardinaux de Bragance, Fabrice-Ruffo, Doria, de l'archevêque de Tours, des évêques d'Évreux, de Nantes, de Trèves et d'Édesse, *in partibus infidelium*. On ne nous l'a pas dit, nous l'avons vu de nos yeux, nous y étions. La réception eut lieu dans les grands appartemens, avec la plus grande solennité.

En sortant de chez l'empereur, Pie VII, suivi du même cortége et des officiers de sa maison, se rendit chez l'impératrice. Lorsque le pape se fut retiré, Marie-Louise, suivie de ses dames et de son chevalier d'honneur, s'empressa d'aller lui rendre, dans son appartement, la visite qu'elle en avait reçue.

Les jours suivans, aux nombreuses allées et venues qui eurent lieu du pape à l'empereur, nous dûmes croire que l'on méditait un rapprochement prochain. Napoléon alla solennellement chez le pape qui vint aussi chez lui; ce fut un échange de notes diplomatiques, de courses, de propos, qui devaient amener un résultat.

Le 22, j'étais chez l'impératrice, lorsqu'on vint me dire que l'on me demandait chez moi. Je m'esquivai et je trouvai dans ma chambre..... qu'on le devine..... le cardinal Maury, déguisé et en costume très-extraordinaire. Connaissant le masque, je vins à lui et m'informai de ce qui me valait l'honneur de le voir.

— La volonté de l'empereur ; sa majesté désire prendre mes avis ; mais comme je ne sais quels méchans ont prévenu notre saint père contre moi, l'empereur m'a ordonné de me rendre ici *incognito*; je vous prie donc de vouloir bien faire savoir à sa majesté que j'attends ses ordres.

Charmé de cette marque de confiance de mon souverain, je me rendis, sans perdre une minute, auprès de Napoléon. Il était alors à déjeuner. Il me fit un signe d'intelligence que je compris, et il devina aussi, à quelques gestes, que le cardinal était chez moi. Après le déjeuner, qui dura à peine huit ou dix minutes, l'empereur rentra dans son cabinet et me fit appeler. Il me donna plusieurs clés et me remit un plan du château avec des notes explicatives qui me servirent à conduire le cardinal Maury jusqu'auprès de sa personne.

Ils restèrent deux heures ensemble, après

quoi je ramenai le cardinal dans ma chambre. Il était radieux, et, s'il se peut, encore plus insolent que de coutume, d'où je conclus que Napoléon l'avait bien traité; il ne cessait de répéter :

— Malheur à qui a peur de la cour de Rome, il en sera dévoré; qui ne lui montre point les dents en est à coup sûr mordu.

Je fis apporter à dîner pour deux. De quel estomac Dieu avait doué son éminence! trois bouteilles disparurent avant le dessert où il but encore des vins fins, de la liqueur, et fit, avec son café, une grande tasse de cette boisson canaille que l'on appelle du *gloria*.

J'étais ébahi d'admiration. Le cardinal s'en aperçut, et me dit avec sa suffisance négligente:

— Vous trouvez, n'est-ce pas, que j'ai bon appétit? Ma foi, oui. Le bon vin réjouit le cœur de l'homme; on ne sait ce qui peut advenir, et l'homme à jeun ne vaut jamais l'homme rassasié; les paresseux ont tort en politique, en amour, et surtout à table.

Ce jour-là, je dois le dire, le cardinal n'eut aucune parsese à se reprocher à table ; j'avais vraiment peur pour sa tête : mais elle fut, après comme avant le dîner, froide et bonne.

Dans l'après-dîner, nous eûmes la visite de M. Duvoisin, évêque de Nantes, prélat spirituel et fin, très-bien vu de Napoléon. Si celui-là ne fût pas mort à la fin de cette même année et si l'empire se fût perpétué, il est certain que les plus hautes dignités de l'Église lui auraient été dévolues.

Je voulais me retirer par discrétion : les deux prélats s'y opposèrent. L'évêque de Nantes exprima la joie où il était de voir le pape se rapprocher de l'empereur.

— On ne peut imaginer, nous dit-il, quelle influence Napoléon exerce sur tous ceux qui l'approchent. Le pape, en sa présence, n'a que des paroles affectueuses, que des pensées de concorde ; je suis assuré qu'il va s'arranger avec l'empereur.

Le cardinal, pour se rendre important, ne

cessa de répéter qu'il fallait prendre garde d'être trompé par l'astuce italienne; il insista même un peu trop sur cette crainte, ce que M. Duvoisin prit soin de lui faire entendre.

Le lendemain, à sept heures du matin (il faisait à peine jour), je ramenai le cardinal chez l'empereur. Quand il en sortit, il était moins triomphant que la veille. Il me dit :

— L'empereur s'est laissé prendre; il en est le maître; le voilà d'accord avec le pape. Dieu veuille que le traité ne soit pas un coup d'épée dans l'eau! Adieu, je retourne à Paris; le rancuneux pontife ne veut pas me voir, et sa majesté souffre ce soufflet sur sa joue.

Il monta peu après en voiture. Je le vis partir sans regret ; il ne me remercia même pas de mon hospitalité. L'empereur y mit plus de grace; il m'envoya, le lendemain, une boîte d'or avec son chiffre en diamans et l'entourage pareil. Cela valait bien douze mille francs; Napoléon était la générosité même.

Le lundi 25 janvier, à 5 heures du soir, l'empereur se rendit, accompagné de l'archi-chancelier, du prince de Neufchâtel, du duc de Frioul, des ministres des cultes et de l'intérieur, dans le salon principal du pape; sa sainteté y passa de sa chambre, escortée de cardinaux, d'officiers de sa maison et de divers évêques français que j'ai déjà nommés; là, on lut le supplément au concordat destiné à terminer les différends sur la hiérarchie, et qui donnait des bornes à la résistance pontificale. Ces divers articles, lus, discutés, furent signés. L'empereur embrassa le pape, se retira; bientôt après l'impératrice, charmée de cette réconciliation, alla, de son propre mouvement, remercier et féliciter sa sainteté.

Le mardi, il y eut grand concert. Pie VII mangea avec leurs majestés, contrairement à l'usage qui ne veut pas qu'un pape s'asseye à une table où se trouve une femme. La plus franche cordialité régna pendant ce repas, et l'ordre fut donné pour que le cardinal Pacca, prisonnier à Frenestrelles, et d'autres cardinaux exilés, fussent mis en liberté et rendus au souverain pontife.

Le mercredi, à quatre heures et demie, après

des visites échangées entre les augustes souverains, l'empereur et l'impératrice montèrent en voiture et s'en retournèrent à Paris ; la joie en France fut universelle. De cet événement, on conclut que la paix de l'Église était enfin assurée, et on s'en félicita. Napoléon en tira un grand parti, il la proclama, la fit insérer dans tous les journaux, lui donnant un éclat utile à ses intérêts ; et qui déplut singulièrement à Pie VII. Bientôt celui-ci, environné de ses cardinaux, comprit sa faute et combien, en acceptant un concordat sans s'être fait restituer ses États, il avait commis une fausse démarche. Sa tête se monta, et tout à coup Napoléon reçut une lettre par laquelle Pie VII, se plaignant de ce qu'une surprise lui avait été faite, se refusait à exécuter les conditions stipulées dans le concordat, et voulait recommencer à négocier sur des bases qui lui fussent plus avantageuses.

Cette versatilité irrita l'empereur qui s'en référa au traité conclu. Il fit plus ; le 13 février, il envoya le prince archichancelier au Sénat, pour y faire homologuer le supplément au concordat, et lui donner ainsi force de loi de l'État.

On y remarqua les articles suivans :

« 1. Sa Sainteté exercera en France, comme « en Italie, le souverain pontificat de la même « manière que ses prédécesseurs.

« 2. Les ambassadeurs étrangers auprès de « Sa Sainteté jouiront des priviléges, immunités « du corps diplomatique.

« 3. Les domaines du Saint-Père seront « exempts d'impôts; ceux qui seraient déjà alié- « nés seront remplacés par deux millions de « revenus.

« 4. Six mois sont donnés au Saint-Père pour « accorder ou refuser l'institution aux évêques « nommés, et, faute par lui de le faire, elle serait « concédée, six mois plus tard, par le métropo- « litain, de manière à ce que la vacance du « siége ne durât au plus qu'un an.

« 5. Le pape nommera *de proprio motu* à dix « évêchés de France et d'Italie, qui seront dési- « gnés ultérieurement.

« 6. Les six évêchés suburbicaires ¹ seront
« rétablis ; ils seront à la nomination du
« pape.....

« 7. A l'égard des évêques des États romains
« absens de leur siége, par circonstance, le Saint-
« Père pourra exercer en leur faveur son droit
« de donner des évêchés *in partibus*; il leur sera
« fait une pension égale aux revenus dont ils
« jouissaient, et ils pourront être replacés aux
« siéges vacans.

« 8. Réduction d'évêchés en Toscane et à
« Gênes; érection de siéges en Hollande et dans
« les départemens anséatiques.

« 9. La propagande, la pénitencerie, seront
« établies dans les lieux où résidera le Saint-Père.

« 10. Sa Majesté rend ses bonnes graces aux
« cardinaux, évêques, prélats, laïques, qui ont
« encouru sa disgrace, par suite des événemens
« antérieurs.

« 11. Le Saint-Père se porte aux dispositions

---

¹ Ceux d'Ostie, de Frascati, d'Albano, de Tivoli, de Prato, de Porto.

« ci-dessus, par considération pour l'état actuel
« de l'Église, et par la confiance que lui a in-
« spirée sa majesté, qu'elle accordera sa puis-
« sante protection aux besoins si nombreux,
« qu'a la religion dans les temps où nous vi-
« vons.

« NAPOLÉON.   PIE VII.

« Fontainebleau, le 25 janvier 1813. »

L'enregistrement solennel de ce concordat désola le pape qui l'avait renié; il contraria vivement les puissances coalisées dont il paralysait en partie les opérations, puisqu'il donnait à l'empereur une meilleure contenance à l'ouverture de la prochaine session du corps législatif qui eut lieu le 14 février.

Ce jour-là, Napoléon partit à une heure des Tuileries, et se rendit en grand cortége au palais du corps législatif. Des salves d'artillerie annoncèrent son départ, son arrivée, sa sortie, son retour. Le cortége traversa le jardin, la place Louis XV, et, pour la première fois, alla descendre au pied de la colonnade qui fait face au pont. Le président du corps législatif et vingt-cinq députés reçurent sa majesté au bas du perron et la conduisirent à l'appartetement préparé pour la recevoir.

Une députation du sénat, une du conseil d'État arrivées à l'avance, avaient été introduites et placées sur des chaises dans le parquet en face du trône, et sur les deux premiers rangs de banquettes.

L'impératrice était dans une tribune, en face de l'empereur, accompagnée de sa majesté la reine Hortense, de sa dame d'honneur et de tout le service de sa maison.

L'empereur, ayant pris quelques instans de repos, entra dans la salle. A son arrivée, tous les députés se levèrent. Sa majesté monta sur son trône. Pendant que les princes grands dignitaires, les ministres, les grands officiers de l'empire et de la couronne, les grands aigles de la Légion-d'Honneur, les aides-de-camp, les chambellans, les écuyers, les officiers d'ordonnance, etc., etc., prenaient leurs places, l'empereur assis, le comte de Ségur, grand-maître des cérémonies, prit ses ordres pour ouvrir la séance. Le prince, vice-grand-électeur, profita de ce temps pour présenter à sa majesté les députés nouvellement nommés qui demandaient à prêter le serment; un questeur en lut la formule, et tous jurèrent obéissance aux constitutions de l'empire, et fidélité à l'empereur.

L'appel terminé, Napoléon prit la parole ; il commença par représenter les Anglais évacuant la Péninsule; il se montra vainqueur dans le Nord. « Nulle part les armées russes n'ont pu « tenir devant nos aigles, Moscou est tombée en « notre pouvoir. »

Le paragraphe suivant accusa les Cosaques de la dévastation de la Russie.

Il ajouta : « La rigueur excessive et préma-
« turée de l'hiver a fait peser sur mon armée
« une affreuse calamité; *en peu de nuits j'ai vu*
« *tout changer*. J'ai fait de grandes pertes; elles
« auraient brisé mon ame, si, dans ces grandes
« circonstances, j'avais dû être accessible à d'au-
« tres sentimens qu'à l'intérêt, à la gloire et à

« l'avenir de mes peuples.......» Les paragraphes suivans contenaient des correctifs à cet aveu fatal.

« J'ai signé avec le pape un concordat qui
« termine tous les différends qui s'étaient mal-
« heureusement élevés dans l'Église..... Les
« Russes rentreront dans leurs affreux climats.

« Je désire la paix; elle est nécessaire au
« monde : quatre fois depuis la rupture du
« traité d'Amiens, je l'ai proposée dans des
« démarches solennelles. Je ne ferai jamais
« qu'une paix honorable et conforme aux inté-
« rêts et à la grandeur de mon empire........

« Tant que cette guerre maritime durera, mes
« peuples doivent se tenir prêts à toutes sortes
« de sacrifices, car une mauvaise paix ferait tout
« perdre, jusqu'à l'espérance, et tout serait com-
« promis, même la prospérité de nos neveux. »

Puis venaient des phrases sur la déclaration de guerre des États-Unis d'Amérique à l'Angleterre; puis quelques mots sur la situation de l'empire. Il dit en terminant :

« J'ai besoin de grandes ressources pour faire
« face à toutes les dépenses qu'exigent les cir-
« constances; mais, moyennant diverses mesures
« que vous proposera mon ministre des finan-
« ces, je ne devrai imposer aucune nouvelle
« charge à mes peuples. »

Ces paroles n'étaient guère rassurantes ; de toutes parts on conseillait la paix à l'empereur. Je sais que l'archichancelier, homme de sens, grave, posé, le conjura, lors de son départ pour Dresde, de traiter, n'importe à quelles conditions. Il lui fit observer que le péril devenait imminent; que la tentative de Malet avait montré combien on tenait peu aux nouvelles institutions; que, par conséquent, il fallait craindre qu'une série de calamités trop prolongée n'amenât une catastrophe irréparable.

— Ah! vous aussi avez peur, reprit Napoléon; vous êtes comme ce prophète qui m'a dit que 1814 me serait funeste. Je vais battre les Russes, alors vous serez tous à mes genoux.

Il consulta Cambacérès sur son projet de concéder la régence à l'impératrice; l'archichancelier ne l'approuva pas, ce qu'il exprima avec tous les ménagemens qu'exigeaient la prudence et sa position particulière.

— Hé, bien! Monsieur, dit l'empereur piqué, point de réticences; expliquez clairement votre pensée. Que trouvez-vous à redire à mon projet? pourquoi ne vous semble-t-il pas bon?

— L'empereur me l'ordonne?

— Oui, parlez.

— Hé bien! j'oserai dire à l'empereur que sa majesté l'impératrice est bien jeune; et puis voudra-t-elle oublier qu'elle est Autrichienne, pour se rappeler seulement qu'elle est Française, comme mère et comme épouse? Je crains que non.....

— Fausses idées! fausses idées! elle vous regarde tous comme ses enfans; elle ne se souvient plus de Vienne.

— Dieu le veuille! Sire, je le souhaite de tout mon cœur; mais quand je la vois isolée, sans aucune liaison avec des femmes de la cour et perpétuellement renfermée seule dans son appartement, je n'imagine pas que la France lui soit agréable : elle ne la connaît pas.

Le patriotisme éprouvé de Cambacérès, ou plutôt son affection pour l'empereur, lui inspira de la fermeté dans cette occurrence. Mais malheureusement il ne fit qu'affliger l'empereur, sans lui faire agréer ses conseils. Napoléon était trop véritablement amoureux de sa jeune femme, pour la voir telle qu'elle était.

— En lui donnant la régence, dit-il, je la flatte, je la relève dans sa propre importance ; j'inspire aux Français de la vénération pour elle ; je prouve à mon beau-père ma confiance ; je l'oblige à y répondre par la sienne. D'ailleurs il met des auxiliaires à mes ordres ; le prince de Schwartzenberg a le commandement d'un corps d'armée de trente mille hommes que j'emploierai utilement à mon aile droite.

— Jusqu'au jour où il la combattra.

L'empereur haussa les épaules et rompit la conversation.

Déjà on voyait des symptômes de désorganisation pénétrer jusque dans l'armée. Un bulletin parti de Paris parut rempli d'inculpations contre la conduite du roi de Naples, qu'on accusait d'être cause à lui seul des catastrophes qui nous avaient accablés. En même temps, l'ordre lui fut transmis de quitter la Pologne, de remettre le commandement, et de s'en retourner dans son royaume. Murat obéit, le cœur gonflé de colère. Voici le fragment d'une lettre écrite par lui et dans laquelle il explique sa conduite antérieure; elle est restée aux mains d'une personne qui en connaît le prix et qui néanmoins m'en a laissé prendre copie.

« Vous ne vous attendiez pas, ma belle amie,
« à ce trait d'ingratitude de l'empereur. Les élé-
« mens et ses faux calculs l'ont trompé; il a cru
« que l'empereur de Russie voulait la paix :
« Alexandre s'est maintenu en guerre. Il est resté
« vingt jours de trop à Moscou; l'hiver a dévoré
« ses soldats, et il m'accuse de leur perte. Il parle
« de mes fausses manœuvres, comme si sans che-
« vaux, sans canons, sans munitions de guerre
« et de bouche, avec des soldats démoralisés, je

« pouvais faire des prodiges. Il me chasse et
« met Eugène à ma place; c'est à faire pitié. Quant
« à moi, je me retire dans mes États; j'aurai fort
« à faire de contenir mon peuple pour l'em-
« pêcher de s'associer à la haine qu'inspire
« l'empereur à l'Italie, et dont le développement
« est effrayant.

« Sa conduite envers le pape a aigri les esprits.
« Ici on est dévot et même bigot. Nous avons
« encore des gens qui croient qu'un excommunié
« se change en loup-garou. En Calabre, on fait
« dans la nuit courir les champs à Napoléon, vêtu
« d'une peau de bête. Il joue un rôle à tout perdre;
« je ne veux pas le suivre dans sa chute, je veux
« rester où je suis; et, puisqu'il me dédaigne, je
« consulterai uniquement les conseils de la sa-
« gesse. Bernadotte est celui de nous tous qui
« démêle le mieux sa fusée. Je le prendrai pour
« exemple et lui demanderai son avis.

« Je vous en prie, ne m'abandonnez pas. A
« Paris, prenez ma défense; je n'ai pas tort, je
« me suis conduit en brave et avec intelligence.

« *Addio.* Tout à vous. *Joachino.* »

L'empereur avait le malheureux défaut de ne pas craindre de se faire des ennemis; il lardait les gens de traits aigus, il les foulait aux pieds; puis il s'étonnait, quand ils prenaient leur revanche; il s'était ainsi aliéné la reine Caroline de Sicile, les plus grands seigneurs allemands, la reine de Prusse, tous les Prussiens. Il manqua gravement à Charles-Jean, et enfin il se brouilla avec le roi de Naples.

Napoléon, d'un autre côté, se livrait avec toute l'activité de son génie à ses préparatifs de défense. Il avait obtenu du Sénat une levée de trois cent mille hommes; il faisait confectionner des munitions de guerre, il augmentait son artillerie, et la France se chargea de la remonte de la cavalerie. Les conseils généraux d'arrondissemens et de départemens, les administrations, les tribunaux, les mairies, tous les corps constitués, même de simples particuliers, donnèrent des cavaliers montés et équipés. L'élan fut universel dans tout l'empire. Napoléon crut y voir de l'attachement pour sa personne, et il ne douta plus que la nation ne s'identifiât avec lui.

Tout prit un aspect militaire : des corps de troupes s'organisèrent, les bans de la garde nationale, sur leur demande forcée, furent mobilisés. On appela dix mille gardes d'honneur, pris parmi les jeunes gens des meilleures familles ; on en forma deux divisions qui furent commandées, l'une par le général, comte de Pully, l'autre par Philippe de Ségur; cependant on continuait à négocier, du moins en apparence, et pour faire croire que l'on espérait encore un dénoûment pacifique ; mais de tous les côtés on ne respirait que la guerre : les puissances étrangères, pour reconquérir ce qu'elles avaient perdu ; Napoléon, pour ressaisir la toute puissance que les événemens avaient fait chanceler dans ses mains.

La défection du général prussien d'York, qui, avec son corps d'armée passa aux Russes, de sa pleine autorité, aurait dû ouvrir les yeux à l'empereur et lui faire prendre des mesures décisives contre la Prusse.

Il n'en fit rien ; il se laissa tromper par les protestations fallacieuses de Frédéric-Guillaume : il crut à sa loyauté. Une convention, entre ce prince et Napoléon, signée à Paris, le 24 février, lui rendit les villes engagées. Dès qu'il les eut obtenues, il conclut, le premier mars, à Kalisch, une alliance offensive et défensive avec la Russie, ce qui obligea, au 4 suivant, le maréchal Gouvion-Saint-Cyr d'évacuer Berlin.

Le 9 mars, le prince Eugène établit à Leipzig son quartier-général. Le même jour, se manifesta à Dresde, sans le consentement du roi, un mouvement dirigé contre les Français. Le 11, les Russes entrèrent à Berlin, et le roi Frédéric-Guillaume déclara exempte de tout reproche la conduite du général Yorck, qu'il avait précédemment qualifiée de rebellion. En vérité, les souverains, par de tels exemples de déloyauté, auraient suffi pour justifier la conduite de Napoléon à leur égard, si elle eût été répréhensible.

Le 14, le duc de Mecklembourg-Schwrin donna le premier l'exemple de la défection comme membre de la confédération du Rhin.

Le 15, eut lieu l'entrevue entre l'empereur Alexandre et le roi de Prusse.

Le 17, nous évacuâmes Dresde. Le même jour, par une proclamation véhémente, le roi de Prusse nous déclara la guerre. Pendant que ces choses se passaient, une lettre, que je ne saurais encore aujourd'hui lire sans éprouver une sensation pénible, fut adressée à Napoléon par le prince royal de Suède. Au lieu de chercher à les réconcilier, quelques flatteurs de Napoléon s'étaient efforcés au contraire de l'irriter de plus en plus contre Bernadotte, et ils n'y avaient que trop bien réussi. Pendant ce temps-là, des agens secrets semaient la zizanie entre le prince de Suède et le roi, son père adoptif. Les choses en vinrent au point que, le 23 mars 1813, le ci-devant prince de Ponte-Corvo écrivit en ces termes à l'empereur :

« Sire, aussi long-temps que Votre Majesté n'a
« agi ou fait agir que contre moi directement,
« il ne me convenait pas de lui opposer autre
« chose qu'un absolu silence ; mais aujour-
« d'hui que la lettre du duc de Bassano à
« M. d'Obsson cherche à répandre entre le roi
« et moi le même germe de discorde qui a faci-

« lité à Votre Majesté son entrée en Espagne, je
« romps tous les rapports officiels, etc. »

Napoléon, déterminé, comme nous l'avons vu, à élever sa femme au titre de régente, lui en expédia les lettres patentes le 30 mars 1313.

« . . . . . . Voulant donner à notre
« bien-aimée épouse, l'impératrice et reine
« Marie-Louise, des marques éclatantes de la
« haute confiance que nous avons en elle, nous
« avons résolu de l'investir, comme nous l'in-
« vestissons par ces présentes, du droit d'assis-
« ter au conseil du cabinet, lorsqu'il sera convo-
« qué pendant la durée de mon règne......... Et,
« attendu que nous sommes dans l'intention
« d'aller incessamment nous mettre à la tête de
« nos armées........, nous avons également résolu
« de conférer...., par ces présentes, à notre bien-
« aimée épouse........ le titre de régente, pour en
« exercer les fonctions, en conformité de nos
« intentions et de nos ordres......

« Voulant que l'impératrice préside en notre
« nom le sénat, le conseil d'État, le conseil des
« ministres, et le conseil privé, notamment pour

« l'examen des recours en grace, sur lesquels
« nous l'autorisons à prononcer......... Toutefois
« notre intention n'est point........ que l'impéra-
« trice-régente puisse autoriser par sa signature
« la présentation d'aucun sénatus-consulte, ou
« d'une loi de l'État........ »

C'était accorder à une femme étrangère, faible et ignorante de nos coutumes, de nos intérêts, de nos codes, une autorité que, selon toute apparence, elle détournerait au détriment de l'État ; en même temps, et comme si c'eût été un calcul de prévision, Napoléon augmentait le nombre des sénateurs en faisant entrer au sénat des grands officiers de sa maison et quelques hommes sur l'attachement et la fidélité desquels il croyait pouvoir compter. Ainsi furent nommés sénateurs, par décret du 5 avril, le cardinal de Bayanne, MM. le baron Bourlier, évêque d'Évreux ; les comtes Legrand, Chasseloup-Laubat, Gassendi de Saint-Marsan (Piémontais), Barbé-Marbois, de Croix, chambellan ; le duc de Cadore, le duc de Frioul, le comte de Montesquiou, grand chambellan ; le duc de Vicence, le comte de Ségur, grand-maître des cérémonies.

De tous ceux-là, sur qui Napoléon espérait s'appuyer éventuellement, un an après, ceux qui ne signèrent point l'acte de sa déchéance y donnèrent leur adhésion.

Enfin, le 15 avril, après avoir laissé faire des progrès immenses à ses ennemis, Napoléon partit de Saint-Cloud, et commença sa dernière campagne d'outre-Rhin.

Le 16, à minuit, il entrait à Mayence; il y séjourna une semaine pour combiner les mouvemens de ses troupes, donner les derniers ordres, assurer l'arrivage des munitions et des équipages, mettre son armée en ligne et prendre enfin ses dispositions nécessaires pour gagner une dernière partie où il allait jouer le tout pour le tout.

Le grand-duc, la grande-duchesse de Bade, le prince primat, les princes de Nassau, vinrent lui faire leur cour à Mayence.

M. de Dalberg, toujours bien instruit, répéta à Napoléon ce qu'il lui avait dit l'année précédente; il l'assura plus que jamais que l'empereur d'Autriche était en négociation ouverte avec la Russie, la Prusse et l'Angleterre.

— Je ne peux pas le croire, dit Napoléon ; je ne me rendrai qu'à l'évidence.

Le prince primat fit un signe de douleur, et l'empereur répondit par un geste muet.

Le 22 avril, le maréchal Kellerman fut invité à dîner avec Napoléon qui, à propos du concordat signé avec le pape, le 25 janvier, à Fontainebleau, dit au duc de Valmy :

— Croiriez-vous, maréchal, **que le pape**, après avoir signé librement, de son plein gré, le concordat, m'écrivit au bout de huit jours qu'il était bien fâché de l'avoir signé; que sa conscience lui en faisait des reproches, et qu'il me priait avec instance de le regarder comme non avenu. Je lui répondis que ce qu'il me demandait était contraire aux intérêts de la France; qu'étant d'ailleurs infaillible, il n'avait pu se tromper.

Le maréchal sourit, et se disposait à répondre ; mais l'empereur ne lui en laissa pas le temps. Il se livra à une de ces improvisations rapides qui entraînaient ceux qui avaient le bonheur de l'entendre ; et, sans songer probablement aux nombreux échos qu'auraient ses paroles, à moins que ce fût un calcul de sa part, il parla pendant plus d'un quart d'heure sur Rome, sur les papes, en présence d'une assemblée nombreuse. Voici les principaux traits que je crois avoir recueillis fidèlement de ce long monologue.

L'empereur, oubliant peut-être où il se trouvait, et poursuivant l'idée qui l'occupait depuis long-temps, se mit à dire :

— Dans le fait, qu'était Rome ancienne, et qu'est-elle aujourd'hui? froissée par les conséquences impérieuses de la révolution, pourrait-elle se relever et se maintenir?.... Un gouvernement vicieux dans l'ordre politique a succédé à l'ancienne législation romaine qui, sans être parfaite, était cependant propre à former des grands hommes dans tous les genres. Rome moderne a appliqué à la politique des principes qui pouvaient être respectables dans l'ordre religieux et leur a donné une extension fatale au bonheur des peuples....... Ainsi la charité est la plus parfaite des vertus chrétiennes........ il faut donc faire la charité à tous ceux qui la demandent. Voilà le raisonnement qui a rendu Rome moderne le réceptacle de la lie de toutes les nations, la résidence de tous les fainéans de la terre, sûrs d'y trouver une nourriture abondante et des largesses considérables........ C'est ainsi que le territoire papal, que la nature avait destiné à produire des richesses immenses par sa position sous un ciel heureux, par la multiplicité des ruisseaux dont il est arrosé, et encore plus par la bonté du sol, languit faute de culture. Berthier m'a souvent répété que l'on traverse des espaces de pays très-considérables sans apercevoir l'empreinte de la main des hommes ; les femmes mêmes, qui sont regardées comme les plus belles de l'Italie, y sont indolentes, et leur esprit n'est susceptible d'aucune activité pour les besoins ordinaires de la vie : c'est la mollesse des mœurs de l'Asie.... Rome moderne s'est bornée à conserver une certaine prééminence par les merveilles des arts qu'elle renfermait...... Mais nous l'avons un peu diminuée, cette prééminence; le Musée français s'est enrichi de tous ses chefs-d'œuvre dont elle tirait tant de vanité, et bientôt le beau monument de la Bourse, qui s'élève à Paris, l'emportera sur tous ceux de l'Europe ancienne et moderne [1]........ La France avant tout....... Pour revenir à l'ordre politique, que pouvait être le gouvernement papal en son état actuel, en présence des grandes souverainetés de l'Europe?.... De vieux souverains parvenant au trône pontifical à un âge où l'on ne vit plus qu'à peine; le travail commence pour eux à l'heure du repos. Un pape n'arrive au pouvoir souverain qu'avec un esprit rétréci par un long usage de l'intrigue et avec la crainte de se faire des ennemis puissans qui pourraient dans la suite se venger sur sa famille; car son successeur est toujours inconnu; enfin il ne veut que vivre et mourir tranquille. Pour un Sixte-Quint, que de papes sans mérite : les uns ont passé leur vie dans des pratiques minutieuses, plus nuisibles qu'utiles aux grands intérêts de la religion, et capables d'inspirer le mépris du gouvernement pontifical. Pour moi, dans les papes, je vois

[1] Je n'ai pas besoin de faire observer combien Napoléon se trompait.

trop l'homme, et pas assez le pontife. Un gouvernement mixte comme celui de Rome est impossible..... Mais ceci nous mènerait trop loin...

Ici Napoléon s'arrêta. Ces paroles nous frappèrent par ce qu'elles ont de puissant, et dans certaines parties d'exagéré. Il nous parut que c'était un manifeste impérial lancé après coup, une déclaration de guerre quand la bataille était gagnée.

Le maréchal, non moins attentif que nous, dit alors quelques mots, mais non point sérieusement; il rit beaucoup de son idée, qui était celle-ci :—Ne devrait-on pas établir comme loi fondamentale du saint siége qu'à la mort d'un pape, le plus jeune des cardinaux lui succèderait de droit.

Aux Tuileries, le maréchal ne se fût pas permis cette plaisanterie; mais en campagne l'étiquette perdait singulièrement de ses droits, et souvent la table de l'empereur redevenait ce qu'avait été la table du général Bonaparte. A notre grande satisfaction, nous vîmes sa majesté s'associer au mouvement de gaîté de Kellermann. Il lui répondit en riant comme lui :

— J'aimerais assez votre idée, si surtout il en résultait la suppression du harem romain.

On se regarda...... L'empereur poursuivit :

— Oui, le harem-conclave.

Alors l'empereur se leva de table, beaucoup trop tôt pour nous, car nous n'étions jamais aussi heureux que quand nous l'entendions causer.

A peine l'empereur se fut placé à la tête de ses troupes, que l'on crut de nouveau la fortune revenue sous ses drapeaux. Il dut se passer, dans l'ame des princes encore alliés, ou bientôt ennemis de Napoléon, de bizarres indécisions. Combien ils ont dû flotter entre la trahison et la fidélité, le lendemain de la bataille de Lutzen. L'honneur des armes françaises se trouvait réhabilité dans une seule journée; et puis Napoléon était là : sa présence électrisait l'armée; rien ne semblait plus impossible à ses soldats vainqueurs, et l'on trembla dans la tente ennemie. Bautzen ajouta à l'espérance, à la sécurité revenue avec le triomphe de Lutzen; mais la France, dans ces combats de géans, fit des pertes cruelles, irréparables; le jeu de la guerre, toujours meurtrier, prit pour victimes les sommités de l'armée, et de funèbres prévisions ternirent l'éclat de deux triomphes.

A Lutzen, Napoléon eut à regretter un de ses plus braves et plus fidèles serviteurs. Bessières, duc d'Istrie, maréchal depuis la création, y fut tué. Il appartenait à une très-bonne famille du Rouergue. C'était un homme parfaitement bien élevé, d'une bravoure à toute épreuve, et conservant toujours son sang-froid au milieu du danger. Il fut pleuré de l'armée, et Napoléon lui donna des larmes. En apprenant la mort du maréchal Bessières, Duroc dit à M. de Beausset : — Ceci devient trop long, nous y passerons tous. C'était une de ces inexplicables révélations intérieures comme celle qui faisait dire à Henri IV avant sa fin tragique : — Je ne sortirai plus des murs de Paris.

Duroc, en effet, trouva la mort sur un point écarté d'un champ de bataille. Ce fut pour Napoléon une perte immense; elle influa trop sur sa destinée; car elle le livra à lui-même, sans véritable ami, sans personne, du moins, qui exerçât sur lui quelque ascendant.

Le 22 mai, au combat de Reïchemback, un chasseur de la garde tomba frappé d'un biscayen; l'empereur, qui le vit se débattre presque sous les pieds de son cheval, dit à Duroc :

— Maréchal, la fortune aujourd'hui nous en veut bien.

Cela dit, il part au galop; il était à peu de distance lorsqu'un boulet ennemi et perdu ricoche contre un arbre, tue raide mort le général Kirgener, et, poursuivant sa course meurtrière, frappe au bas-ventre le duc de Frioul. On court apprendre ce malheur à l'auguste ami de la victime.

— Cela est impossible! dit-il, je viens de le quitter.

Trop certain cependant de cette fatale circonstance, il revient vers le lieu qu'il venait de quitter, pâle, triste et les yeux remplis de larmes.

Il trouva Duroc extrêmement accablé, mais montrant le plus grand sang-froid. Le duc serra la main de l'empereur en la portant sur ses lèvres.

— Toute ma vie, lui dit-il, a été consacrée à votre service, et je ne la regrette que pour l'utilité où elle pourrait vous être encore.

— Duroc, dit Napoléon qui prévoyait trop le malheur dont il était menacé, il est une autre vie : c'est là où vous irez m'attendre et où nous nous retrouverons un jour.

— Oui, Sire, mais ce sera dans trente ans, lorsque vous aurez triomphé de vos ennemis et réalisé toutes les espérances de notre patrie. J'ai vécu en honnête homme, je n'ai rien à me reprocher. Il me reste une fille : Votre Majesté lui servira de père.

L'empereur, serrant de la main droite le grand maréchal, resta un quart d'heure la tête appuyée sur la main gauche, dans le plus profond silence. Ce fut le grand-maréchal qui le rompit.

— Ah ! Sire, allez-vous-en, ce spectacle vous afflige.

L'empereur, s'appuyant sur le duc de Dalmatie et sur le grand-écuyer, se retira sans pouvoir rien dire autre chose au duc de Frioul que ces mots : — *Adieu donc, mon ami...*

Il ordonna que le corps de Duroc qui expira peu après fût transporté aux Invalides. Il acheta la maison où son ami était mort, la donna au pasteur du village, à condition qu'un marbre, incrusté dans la muraille, à la place du lit où Duroc était trépassé, porterait cette inscription en lettres d'or : *Ici le général Duroc, duc de Frioul, grand-maréchal du palais de l'empereur Napoléon, frappé d'un boulet, expira dans les bras de son empereur et ami.*

La fortune avertissait ce grand homme qu'elle était lasse de lui obéir.

Ce fut en ce moment, lorsque trois victoires avaient rendu à Napoléon sa prépondérance, lorsqu'en dix jours, il avait balayé la Saxe, et refoulé les coalisés dans la Basse-Silésie, lorsqu'une dernière bataille les anéantissait sans retour, bataille dont toutes les chances étaient en sa faveur, qu'on vint lui proposer un armistice. Il l'accepta!

Quelle faute ! s'il est permis de juger Napoléon ; ou plutôt, quelle nécessité cruelle! quelle fatale condescendance à ce cri de la France :

La paix ! la paix ! Jamais en effet la position de l'empereur n'avait été plus difficile ; ses plus dévoués compagnons d'armes étaient las ou découragés ; leur ambition était satisfaite, leur moisson de gloire recueillie et à couvert ; ils voyaient leurs rangs se dégarnir. Au sein de la France, sur tous les points de l'empire, la conscription décimait la population comme un fléau; mais encore un coup, l'enthousiasme des soldats tenait du délire ; les jeunes officiers avaient soif d'avancement et d'honneurs. Alexandre et Frédéric-Guillaume frémirent. Quelle figure faire devant Napoléon encore redevenu leur vainqueur! Ils n'étaient point préparés à des assauts immédiats ; ils demandèrent du temps : ils en obtinrent. L'armistice fut conclu le 4 juin.

Napoléon trompé y vit un acheminement à la paix, et ses fallacieux adversaires se réjouirent de pouvoir organiser la trahison là où elle était encore incertaine.

On choisit Dresde pour y décider des grands intérêts de l'Europe. Napoléon y arriva le 10, et sa présence y fut immédiatement suivie de celle du duc d'Otrante.

CHAPITRE III.

Depuis sa disgrace, et au lieu de se rendre à Rome, ainsi qu'il en avait reçu *l'autorisation*, Fouché avait parcouru le midi de la France et s'était arrêté à Aix, chef-lieu de sa sénatorerie. Attaqué sur la route par des brigands, la plupart conscrits réfractaires, il fut secouru à temps par la gendarmerie qui le préserva du pillage. Cet événement donna lieu à toutes sortes de commentaires, et j'en prendrai texte pour dire quelques mots de la manière dont certains Français transfuges interprétaient les nouvelles de France.

Il y avait alors en Angleterre un M. Pelletier, réfugié Français, ancien pamphlétaire et l'un des premiers fondateurs du journal intitulé *les Actes des Apôtres,* feuille royaliste qui parut à Paris pendant la révolution. Pelletier continuait à Londres à irriter l'esprit public contre la France, et vomissait des torrens d'injures contre Napoléon, dans un journal écrit en langue française. Racontant l'accident arrivé à Fouché, et aucun mensonge n'arrêtant sa plume, il commença par dire que l'ex-ministre de la police générale avait été atteint de plusieurs coups de poignard; qu'on le laissa pour mort sur la place, et que des gendarmes appostés exprès, croyant le crime consommé, massacrèrent les assassins jusqu'au dernier afin sans doute de s'assurer de leur discrétion. Dans sa verve inventive, le pamphlétaire n'aurait pas dû s'arrêter en si beau chemin; car enfin qui l'assurait de la discrétion des gendarmes? L'occasion était belle cependant pour faire exterminer la gendarmerie par les dragons ; ceux-ci par les hussards, et enfin la cavalerie par l'infanterie qu'ensuite l'artillerie eût foudroyée. Par ce moyen le véridique Pelletier détruisait l'armée française ; sa version eût été encore plus agréable pour les badauds de Londres, et il n'eût pas menti plus effrontément que dans la conclusion de son article, où il signale l'empereur comme l'auteur d'un guet a pens dont Fouché était la victime désignée.

Fouché savait mieux que personne que la colère de Napoléon s'exhalait en reproches, quelquefois très-vifs, mais qu'elle tombait d'elle-même, et que toute mort violente lui était en horreur. Fouché le savait si bien, qu'il n'hésita point à se rendre aux ordres de l'empereur. Depuis le 18 brumaire, ils n'avaient jamais été huit jours sans se voir: il y avait plus de deux ans qu'ils ne s'étaient trouvés ensemble.

Avec l'empereur il n'était jamais possible de deviner ni de prévoir ses premières interpellations. Je ne sais s'il y avait préméditation de sa part; mais il fallait se bien tenir pour n'en être point déconcerté.

— Vous ennuyez-vous ? fut sa première question au duc d'Otrante.

— Eh ! Sire, le moyen de s'ennuyer lorsque l'on assiste aux grandes représentations que donne Votre Majesté !

— Elles sont chères, repartit Napoléon..... Qu'avez-vous pensé de nos désastres ?

— Sire, je suis Français, et je conserve le souvenir de vos bontés : mon cœur a été navré.

— L'a-t-il été aussi de la déconfiture du duc de.... *la Force ?*

— Ce pauvre homme ! son écrou a dû lui paraître dur..... Mais, franchement, il n'a pu deviner.....

— Je le pense comme vous. Le seul coupable c'est cet imbécile de Frochot.

— C'est un honnête homme ; il y en a beaucoup qui auraient fait comme lui.

— Vous, par exemple.

— Moi.... Avant de disposer de la dépouille du lion, j'aurais bien voulu m'assurer si le lion était demeuré sur le champ de bataille.

— J'entends; de la trahison prudente... vous êtes fin.

— Je suis sage : je tache, quand les événemens m'emportent, de gagner le rivage. A moins d'être fou, on ne doit pas chercher à remonter le courant.

— Mais la fidélité due à la foi jurée?

— A laquelle?... Quand on n'a fait qu'un serment, on sait à qui on doit le tenir ; quand soi et la masse en ont prêté trente, qui dira : Celui-ci est le bon?

— Il faut au moins se tenir au dernier.

— Il y a, Sire, des gens de si rude appétit! D'ailleurs, qui a bu boira.

— Je suis si persuadé que vous êtes l'homme des circonstances, que je ne veux pas vous laisser à Paris; vous êtes trop habile pour l'impératrice.

— Je vais donc aller à Rome?

— Non ; vous conseilleriez la grande-duchesse de Toscane et le roi de Naples. Qui me répond que vous n'entreriez pas en pour-parler avec les Anglais ? Je vous envoie en Illyrie avec le titre de gouverneur-général. Junot, que j'ai exilé par là, devient par trop malade : le pauvre ami a besoin de repos et de secours. Il rentrera en France... Vous partirez demain.

— Oui, Sire; peut-être que j'eusse été ici utile à l'empereur?

— Vous n'êtes pas diplomate, et l'odeur de la poudre vous fait mal ; je fais d'ailleurs ici la police à coups de canon. Quant à la politique, j'aurai recours au prince de Bénévent.... Vous partirez demain.... Adieu.

L'arrivée inattendue de Fouché à Dresde, la brièveté de son séjour et la promptitude de son départ surprirent ses amis, car Fouché avait des amis; tous ceux auxquels il avait rendu des services signalés ne les avaient point oubliés. Cependant on s'occupait peu de lui alors, l'attention était trop absorbée par la marche précipitée des grands événemens qui se déroulaient et s'avançaient vers un dénoûment encore incertain pour la multitude.

Ce n'était pas seulement pour déployer un vain luxe que, durant ses séjours dans les résidences où il devenait le maître, l'empereur aimait à se faire environner des pompes de sa cour; la sécurité qu'il affectait au milieu de ces magnificences ravivait d'autres sécurités; il voulut donc que Dresde effaçât ou du moins rappelât le souvenir d'Erfurth, mais non plus le souvenir de Dresde même, moins de deux ans auparavant. Il y fit venir presque tous les acteurs de la Comédie-Française : Saint-Prix, Talma, mademoiselle George, Fleury, Saint-Phal, Michot, Baptiste cadet, Armand, Thénard, de Vigny, Michelot, Barbier, madame Thénard, Mezeray, Émilie Contat, Mars, Bourgoin.

Ce fut dans l'orangerie du palais Marcolini, où

logeait l'empereur, que l'on construisit le théâtre. L'empereur, dont le goût jusqu'alors avait été uniquement pour la tragédie, changea : il revint à la comédie. Mademoiselle Mars et Fleury le charmèrent. Il appela à son déjeuner mademoiselle Mars et prit plaisir à causer avec elle. Une fois il lui demanda l'époque de ses débuts. La réponse était pénible : il fallait ou mentir ou donner acte de son âge devant gens qui en prendraient note.

— Sire, dit-elle, j'ai commencé toute petite; je me suis glissée sans être aperçue.

— Sans être aperçue, vous vous trompez...... vous voulez dire apparemment que vous avez forcé l'admiration ; à la bonne heure..... Croyez au reste, Mademoiselle, que j'ai toujours applaudi avec toute la France à vos rares talens.

Ce compliment mérité valut cette fidélité que mademoiselle Mars garda à Napoléon.

A Fouché succéda Murat que l'on n'attendait pas non plus. L'empereur l'accueillit froidement, affectant de lui parler beaucoup de la reine et jamais de lui.

— Sire, répondit Murat, j'ai laissé ma femme *garder la maison*, et je suis venu solliciter la faveur de verser mon sang pour vous prouver ma reconnaissance.

Napoléon dit alors : — Mauvaise tête et bon cœur.

— Sire, vous ne voyez que le succès; la mauvaise chance a toujours tort avec vous.

L'empereur ne lui répondit pas, et il lui rendit momentanément le commandement de la cavalerie.

Un congrès était assemblé à Pyrna; on n'y faisait rien. Le comte de Metternich et le comte de Bulow, venus à Dresde, avaient seuls le secret des négociations et étaient chargés de l'ultimatum des alliés. Les principales conditions étaient :

1. Le Rhin, limite naturelle de la France.

2. L'indépendance du royaume d'Italie.

3. La dissolution de la confédération du Rhin; Napoléon renoncerait au titre de *Médiateur de la confédération suisse*.

4. La Hollande rendue à Louis Bonaparte ; le Hanovre à l'Angleterre, et la Poméranie à la Suède.

5. Destruction du duché de Varsovie ; la Prusse remise en possession de toutes ses provinces ; l'Étrurie rendue au grand-duc de Wurtzbourg ; Gênes, à l'ancien duc de Parme ; le Piémont, à ses rois naturels, comme aussi le Portugal et l'Espagne ; le Tyrol serait restitué à l'Autriche, ainsi que la Carinthie, la Carniole, l'Istrie, l'Illyrie, la Dalmatie.

6. Le pape à Rome.

7. Une nouvelle circonscription de l'Allemagne.

8. Puis d'immenses concessions à l'Angleterre.

9. Murat maintenu à Naples, ainsi qu'Élisa à Lucques.

Ces conditions acceptées, sans doute l'empire français eût encore été un puissant empire ; mais elles durent paraître horriblement exagérées à

Napoléon dans la position où il était alors. Plût à Dieu, pour nous, qu'il s'en fût contenté! mais, lui, pouvait-il en être satisfait? A coup sûr, je ne me suis point donné les allures d'un panégyriste; mais ces conditions m'ont toujours paru inconciliables avec le souvenir de sa propre générosité, en des circonstances pareilles où il joua le rôle opposé. L'Angleterre seule, peut-être, aurait eu le droit de les exiger; quant aux autres puissances du continent, non!

On redemandait à l'empereur des possessions concédées par des traités, des provinces occupées de fait et par droit de conquête reconnu; lui, au contraire, dans ses trois grandes campagnes d'Austerlitz, d'Iéna et de Wagram, il avait occupé d'abord la presque intégralité du territoire prussien et des monarchies réunies dans la maison d'Autriche. A la conclusion de la paix, il *restituait*, moins quelques fragmens de provinces, mais ne demandait pas l'abandon de districts préservés du contact de l'armée. Il prenait et rendait, tandis qu'à Dresde on lui demandait ce qu'on ne lui avait pas encore pris, témoins, l'Italie, le Piémont et la Hollande, la Toscane et Gênes; je néglige d'autres provinces secondaires et m'abstiens de citer les terres pontificales. J'ai toujours pensé qu'en proposant à Napoléon des conditions trop dures pour son amour-propre, ou plutôt pour sa gloire, la coalition n'eut pour but que d'obtenir un refus, et qu'elle eût reculé devant une acceptation pure et simple. D'ailleurs, les négociations subséquentes l'ont bien prouvé, puisqu'à chaque journée de marche vers le Rhin, les exigences s'accrurent avec les chances du succès. Il convient en outre de faire observer qu'à l'ouverture de l'armistice de Dresde, l'Autriche n'avait pas encore tout-à-fait levé le masque qui recouvrait son ingratitude et sa mauvaise foi. Ainsi donc, le 10 août, l'anniversaire de ce jour où Bonaparte avait vu tomber une monarchie et un roi chassé des Tuileries, les négociations furent rompues, et il fallut chercher la paix dans les chances problématiques de nouveaux combats.

A cette époque, un habile général, républicain ambitieux, sans caractère, Moreau, jaloux de Bonaparte, mais écrasé par son ascendant, apparut dans les rangs ennemis. Au 18 brumaire, Moreau s'était couvert de honte en consentant à servir de geolier provisoire aux membres du Directoire, qui n'avaient pas donné leur démission; plus tard, il conspira sourdement avec Georges et Pichegru; nous l'avons vu, au commencement de cet ouvrage, mis en jugement, acquitté par l'opinion publique, accepter ensuite avec docilité l'exil qu'on lui proposa. Les grandeurs de Napoléon torturèrent cette ame vaine et mesquine; il s'en importuna. Il sollicita la faveur d'aller combattre contre sa patrie.

Sa haute réputation militaire fit accueillir avec joie son offre. Alexandre se déclara son protecteur; il vint en Europe, précédé d'une renommée déjà flétrie et sa haine contre l'empereur déborda dans la proclamation suivante:

« Français, dans ce moment terrible où *l'u-*
« *nivers* est conjuré contre son oppresseur, où
« toutes les nations indignées secouent le joug

« qui les accable, je crois remplir le devoir
« d'un véritable citoyen en me rangeant au
« milieu des défenseurs de tous les peuples,
« pour briser les fers de ma patrie. Je n'ai pu,
« sans frémir, la voir languir depuis tant d'années
« dans un esclavage, mille fois plus affreux que
« celui des nègres. En vain des souverains
« magnanimes, avares du sang de l'humanité,
« présentent généreusement la paix à Napoléon,
« il méconnaît sa situation. Le Ciel, las de *ses*
« *forfaits,* lui met un bandeau épais sur les
« yeux; son heure fatale est marquée; lui-même
« creuse l'abîme qui va l'engloutir : c'est à nous,
« mes concitoyens, c'est à nous surtout à l'y
« précipiter. Le salut de la France, voilà quel
« sera le but de mes efforts. *Oui, j'aime la*
« *France avec idolâtrie :* elle a tout fait pour
« moi; je ferai tout pour elle. Ce n'est pas
« l'ambition, ce n'est pas le désir d'une juste
« vengeance, qui me mettent aujourd'hui les
« armes à la main; le Ciel m'est témoin : j'avais
« su l'étouffer dans mon cœur, et j'ai trouvé
« plus de bonheur, depuis mon exil, dans l'in-
« térieur de ma famille, que dans le tumulte

« des camps et au milieu de la gloire et des
« grandeurs....... »

Ce manifeste, répandu avec profusion, indigna la France; elle raya Moreau du rang de ses grands hommes : elle ne vit plus en lui qu'un vil transfuge, qu'un lâche déserteur et elle le renia sans retour. Sa présence déplut au prince royal de Suède, dont la position était certes très-différente ; car, devenu Suédois par son adoption, il n'appartenait plus à la France.

Ainsi un général français, un républicain, allait marcher avec les rois, pour l'asservissement de la France. Ce n'était pas le plus affreux exemple que cette guerre donnerait : celui d'un père, s'éloignant de sa fille et se joignant aux ennemis de son gendre, en était un bien plus funeste encore. L'empereur d'Autriche passa sur-le-champ à l'ennemi, trompant Napoléon qui, sans sa parole, n'aurait pas entrepris la guerre; il viola les nœuds les plus saints, il acheva de détruire la confiance de la famille, et il montra que la bonne foi n'existe pas, là où le roi,

Jean de France, prétendait qu'elle devait trouver un refuge.

J'ai de la peine à décrire nos désastres, à enregistrer successivement tant de défections, tant de perfidies, tant de sermens violés : les rois, les princes, les peuples, les hommes faisant assaut de fourberie, de duplicité, de déception. La mort de Moreau, tué du premier coup de canon, tiré par un artilleur français, après la rupture de l'armistice, ne compensa pas la mort de Poniatowski, de tant de braves, et la chute de notre empire. Mon cœur saigne à ces souvenirs ; je renonce donc à parler de batailles, pour m'occuper de ces négociations fallacieuses auxquelles je dus prendre part.

Je ne sais comment l'empereur avait su que le roi de Naples me traitait avec bonté ; il m'en parla une fois à Dresde. Je lui expliquai par quels anciens rapports je me trouvais lié avec lui.

— Tant mieux, me dit Sa Majesté ; je suis charmé de savoir que vous parlez familièrement à mon frère : cela pourra me servir plus tard.

Je protestai de mon dévoûment, et certes ce fut avec franchise.

— Je sais que vous êtes sincère, que je puis compter sur vous; j'en ai déjà eu la preuve. Je vous emploierai.

Passons donc l'éponge sur les suites de la campagne, sur le terrible combat de Hanau, sur les débris de l'armée rentrant en désordre à Mayence, et revenons à Saint-Cloud où l'empereur arriva le 9 novembre.

La nécessité de remplir les cadres de l'armée, de donner un nouvel élan à la population, et le besoin de veiller sur l'intérieur, avaient encore déterminé Napoléon, à quitter l'Allemagne. Il trouva les cœurs consternés, une morne stupeur dans les classes intermédiaires, mais la populace animée du meilleur esprit. Il reçut les autorités: elles le félicitèrent!.... sur ses désastres. Il voyait mieux qu'elles; mais son caractère de fierté ne pouvait se plier aux dures lois de la nécessité.

Le surlendemain de l'arrivée de l'empereur, j'étais chez moi fort tranquille, lorsqu'un page vint à franc-étrier m'annoncer que sa majesté m'ordonnait de me rendre à Saint-Cloud, vers le coucher du soleil. Ce message me causa je ne saurais dire quelle frayeur. Il me rappela tout d'abord les dernières paroles que Napoléon m'avait adressées à Dresde, et je ne doutai pas que sa majesté ne voulût me confier une mission ; mais mon ambition était à peu près satisfaite ; bien vu de l'empereur, souvent honoré de sa confiance et comblé de ses bienfaits, j'avouerai, avec la vérité que j'ai prise pour guide, que, dans les circonstances où nous étions, je fis involontairement un retour sur moi-même. J'aurais voulu que l'empereur m'eût oublié, rester dans mes habitudes calmes, et jouir du repos que j'ai toute ma vie apprécié plus qu'aucune autre chose. Cependant, je ne crois pas avoir besoin de dire que je n'hésitai point à me rendre aux ordres de l'empereur, déterminé à lui obéir. Dans les temps de calamités, les bons citoyens doivent faire abnégation d'eux-mêmes ; chacun, quel qu'il soit, appartient alors à tous, et ce qui, dans des circonstances ordinaires, pourrait n'être qu'un acte d'égoïste devient alors l'action d'un traître. Telle est ma profession de foi.

Le comte de Remusat guettait mon arrivée. Quoique je ne fusse point en retard, aussitôt qu'il me vit : — Je vous attendais, me dit-il ; suivez-moi. Après de nombreux détours, il me déposa dans une petite antichambre contiguë au cabinet de l'empereur et se retira. Je fis savoir au maître que j'étais là, et je fus immédiatement introduit.

L'empereur travaillait selon sa constante habitude ; il se leva et vint à moi.

— Vous le voyez, comte, je me suis ressouvenu de vous ; les temps sont difficiles : il faut que mes vrais serviteurs travaillent avec moi au salut commun.

Je lui renouvelai les assurances de mon dévoûment.

—J'aurais grand besoin, me dit-il, de beaucoup de gens comme vous ; mais ils sont rares, et j'en vois le nombre diminuer tous les jours.... Et néanmoins quelle époque fut plus critique : nous sommes cernés, traqués de toutes parts. Si l'accord était unanime, si on voulait la victoire ou la mort, on serait sûr de vaincre. L'union fait la force; vieille vérité, sue de tout le monde, et qu'on craint de mettre en œuvre. Je voudrais de l'enthousiasme, et l'on est froid à mon oreille ; je ne peux rien tout seul, et je n'entends pas ce bourdonnement universel qui ranime le chef et lui inspire des prodiges..... Le peuple est excellent et ne demanderait qu'à combattre; mais la noblesse est froide, la bourgeoisie glacée, et le peuple qui, par le fait, demande à être mené, les voyant immobiles, ne se remuera pas. Je vais tâcher de leur donner du courage, je battrai le briquet à leur oreille, afin que le feu prenne dans leur cœur.

Il s'arrêta. Le chagrin le dévorait; il souffrait horriblement de la comparaison de sa destinée actuelle avec celle de deux ans auparavant. Je n'osai pas lui adresser des paroles de consolation ; mais ma physionomie lui exprima les sentimens dont j'étais pénétré.

— Oui, oui, vous êtes mon homme lige, et, sous votre garde, je sommeillerais plus tranquille que sous.... Sans autre préambule : Vous êtes bien avec le roi de Naples? me dit-il.... écrivez-lui.

—Souvent je lui envoie les nouvelles littéraires et galantes de Paris; mais là se borne ma correspondance. J'ai dit au roi des Deux-Siciles que ma position auprès de Votre Majesté m'interdisait toute communication qui aurait trait à la politique ou même à de simples bruits de ville.

— C'est très-bien.... Puisque le roi de Naples vous traite ainsi, *je vous prie* de partir après demain matin pour aller le rejoindre; vous vous arrêterez à Turin où vous verrez Borghèse; à Milan où vous verrez Eugène; de Milan, vous vous rendrez à Florence. Si la grande-duchesse n'y est pas, vous irez à Lucques ou à Pise, vous lui parlerez de moi, de mon amitié, de ses devoirs; elle a de l'esprit, elle vous comprendra à mi-mot; de Florence, votre avant-dernière station sera Rome. Causez avec Miollis; qu'il entende bien mes intentions: je veux que l'on me conserve l'Italie le plus long-temps possible; je n'aurai rien perdu tant que j'en serai maître....

Quant à Murat, voyez-le, parlez-lui France, il entendra ce langage; faites un appel à son honneur, à sa loyauté. La reine voudra vous voir; allez dans tous les cas à elle, faites une visite à Baudus, le précepteur des enfans de Murat; je l'ai maltraité parce que je ne le connaissais pas bien; c'est un homme de vieille roche. *Faites ma paix avec lui*; qu'il emploie son influence à soutenir mes intérêts : j'en serai reconnaissant. Il y a encore le marquis de Gallo, le comte de Mosbourg, le comte Daure; ils ont de l'influence sur Murat. Les deux derniers sont d'excellens Français; ils ne demanderont pas mieux que de servir ma cause et de travailler d'intelligence avec vous... Faites bien comprendre au roi qu'il s'abuse, s'il croit trouver de la sympathie chez les autres souverains; on lui promettra tout, on ne lui tiendra rien. En faisant cause commune avec moi, au contraire, il aura la Sicile; car, dès que je serai débarrassé du *courant*, je lui fournirai les forces nécessaires pour rendre une descente efficace. Je puis même l'agrandir du côté des États du pape... Vous êtes *sagace*; vous comprendrez le reste... Évitez le bruit; ne vous montrez que comme un simple voyageur; dépouillez-vous de vos titres, de vos décorations. Redoutez surtout de faire soupçonner que vous appartenez à ma Maison. A Naples, ce sera difficile : trop de gens vous y connaissent ; enfin, faites pour le mieux..... Il y a là des émissaires anglais ; ils travailleront contre nous, défiez-vous-en.

Telles furent les instructions verbales que me donna l'empereur. Il me recommanda ensuite d'aller voir le ministre de la police ; cette recommandation me sembla bizarre : il m'eût paru plus naturel d'être renvoyé au ministre des relations extérieures. Cependant, en arrivant à Paris, je me fis descendre au quai Malaquais. A mon nom, les portes s'ouvrirent à deux battans. Le duc de Rovigo me reçut avec distinction, parla beaucoup pour ne pas dire grand' chose ; à la fin de ma visite, il me remit de la main à la main, et sans reçu de ma part, quoique j'insistasse pour en donner un, une somme considérable destinée aux frais de mon voyage.

Tout étant prêt pour mon départ, je crus

devoir écrire au duc de Vicence avec qui je devais correspondre; et, le 14 novembre, je montai en voiture, le cœur navré et rempli de sinistres présages, redoutant de ne pas réussir dans ma mission.

Je pris la route du Bourbonnais, comme étant la plus directe. Je passai à Lyon sans m'arrêter. De là, je me dirigeai vers le mont Cénis : la route était couverte de neige gelée; j'eus une peine infinie à tenter le passage, et je fus sur le point de m'engloutir dans des abîmes dont la glace me cachait l'existence et la profondeur. L'accueil qui me fut fait à l'hospice me dédommagea de mes fatigues; la descente moins longue et plus rapide se fit sans trop de peine. J'arrivai à Suze, bien heureux d'avoir franchi ce terrible mont, et me promettant au retour de prendre une autre route.

Suze possède des antiquités romaines, entre autres un arc de triomphe que je n'eus pas le loisir de voir; j'étais trop pressé d'arriver à Turin, ma première station.

Turin, assis à l'extrémité d'une plaine sur la

rive gauche du Pô, est une vieille colonie romaine; une charmante ville, bien alignée, bien bâtie, propre, nette, parée; on y voit de beaux palais, des maisons élégantes, des églises ornées avec luxe, à défaut de magnificence extérieure; celle du saint Suaire est un dévergondage d'architecture qui étonne; cependant la somptuosité sévère de la décoration, toute en marbre noir et blanc, est imposante; les voûtes semblent porter à faux; tout y est extraordinaire et bizarre.

Le Palais-Royal a de l'apparence; les jardins construits sur des bastions, sur des portions de rempart, ont été dessinés par Le Nôtre. La difficulté offerte par l'irrégularité du terrain fait d'autant plus ressortir le génie de l'artiste.

Le Piémont, réuni à la France, sous le Directoire, avait été érigé, en 1808, en gouvernement général; il était divisé en neuf départemens, y compris Parme, Plaisance et l'État de Gênes. Turin en était le chef-lieu. L'empereur y avait envoyé son beau-frère pour y tenir une cour.

Le prince Borghèse, dont l'illustration remontait au pape Paul V, dont il était un arrière-petit-neveu, était doué d'une extrême timidité. Passionné pour les chevaux et les femmes, il ne se livrait à la représentation qui lui était ordonnée, que comme à un devoir de sa charge. Dépourvu de toute éducation, il s'ennuyait partout, et à Turin, plus qu'ailleurs, où il se trouvait comme en exil. Il redoutait et admirait son beau-frère; mais il ne l'aimait pas, surtout depuis qu'il s'était vu contraint à avoir le pape dans son gouvernement. Il voyait, dans ce choix de résidence, une injure faite à sa propre origine. Les habitans n'avaient pour lui ni attachement, ni haine, et, de son côté, il appréciait peu les Piémontais. Il ne reconnaissait aux hommes qu'un seul mérite, celui de l'amuser; et sa cour, toute splendide qu'elle était, n'offrait pas beaucoup de distractions à un prince blasé et dépaysé.

Je ne transcrirai point ici les noms des personnes attachées au service d'honneur du prince et de la princesse Borghèse; on les trouvera dans tous les almanachs impériaux de 1809 à

1813. Je dirai seulement que le prince avait pour aumônier une des principales lumières de l'église, le cardinal Spina; mais, comme ce prélat était en même temps archevêque de Gênes, il résidait presque toujours dans sa métropole, et ne venait que très-rarement à la cour.

Quand j'arrivai à Turin, tout le monde était sur le qui vive. Aux ennuis d'une vie monotone se joignait l'inquiétude; plus que partout ailleurs on y redoutait les événemens.

Le prince me reçut avec empressement; il me prit à part, me questionna sur les affaires. Il voyait tout en noir; son abattement était extrême. Je reconnus aux propos qu'il me tint que la coalition lui avait fait des propositions, et qu'il les avait repoussées, plus par frayeur que par attachement à l'empereur.

Le prince se plaignait de ce que l'on retirait les troupes de son gouvernement. Déjà des émissaires de la cour de Sardaigne parcouraient le Piémont, annonçant la rentrée prochaine des rois légitimes, et rappelant les masses à la fidélité qu'elles devaient à ce roi malheureux. Cela produisait sur les esprits une impression qui pouvait devenir dangereuse en cas de nouveaux désastres.

J'essayai de faire comprendre au prince que l'empereur comptait sur son zèle et sa fermeté pour contenir les factieux, s'il s'en présentait, et rendre ces dangers illusoires; mais il laissa échapper quelques mots de mécontentement personnel, qui ne me permirent pas de m'expliquer plus explicitement, ne voulant point être confident de griefs qu'il ne me convenait pas de rapporter à l'empereur. Il m'en dit assez pour me faire voir clairement que sa majesté ne pourrait compter sur le prince, que tant que celui-ci se verrait retenu sous sa dépendance. Cette conviction acquise, je ne songeai plus qu'à poursuivre ma route, malgré les instances du prince qui voulait absolument que je restasse encore quelques jours à Turin, pour assister à une fête qu'il se proposait de donner.

Après une seconde audience de congé, je remontai en voiture, et me dirigeai sur Milan dont je n'aurais plus rien à dire ici, ayant déjà parlé de cette grande et belle ville à l'occasion des séjours que j'y avais faits précédemment, si je n'eusse été frappé des embellissemens ajoutés en peu d'années à tous ceux dont s'enorgueillissait déjà cette cité royale.

J'éprouvai un vrai bonheur en revoyant le prince Eugène. Que d'événemens s'étaient passés depuis notre rencontre dans la rue de Seine, et notre longue conversation dans la cour des Quatre-Nations! Il me disait alors que les honneurs et les grandeurs ne produiraient point sur lui leur influence accoutumée. Je vis qu'il avait dit la vérité. Aussitôt qu'il m'aperçut, il vint à moi, me tendit la main de la manière la plus affectueuse, et m'embrassa avec une effusion qui m'émut profondément; en même temps il me dit :— Vous êtes l'ami de ma mère; soyez aussi le mien ; puis il ajouta : Que fait-elle ? que fait l'empereur ?

Le prince Eugène n'était qu'accidentellement à Milan ; il avait quitté l'armée pour peu de temps, et à la dérobée, afin de vaquer aux soins de son gouvernement, et raffermir, par sa présence, les esprits incertains.

Avant de quitter Paris, je n'avais pu, tant mon départ avait été précipité, aller prendre congé de l'impératrice Joséphine; mais heureusement j'avais eu l'honneur de lui présenter mes hommages peu de jours auparavant; je pus donc donner de ses nouvelles à son digne fils. Je l'avais vue à Navarre; elle se portait bien, mais l'inquiétude la dévorait. Le prince leva les yeux et les mains au ciel:

— Nous en sommes tous là, me dit-il; j'ai fort à faire pour me maintenir; l'empereur m'a enlevé mes meilleures troupes. Je ne puis prendre l'offensive; je suis bien malheureux. Mais l'empereur, à quoi songe-t-il?

— A la guerre. Plus il voit d'ennemis prêts à l'accabler, plus il songe à les vaincre; il ne veut plus entendre parler de traiter.

— Il se perd, et il nous perd avec lui. Je connais ses ressources; elles sont insuffisantes à moins que la France ne s'en mêle, et je crains...

Un geste de ma part lui enleva cette espérance, ou plutôt le confirma dans sa crainte.

— Au reste, poursuivit-il, je combattrai tant qu'il me sera possible de le faire, et, dans aucun cas, je ne pactiserai jamais avec l'étranger. L'empereur est mon second père, il m'a comblé de biens et d'honneurs, il m'en a retiré une partie; mais, n'importe, je ne dois me souvenir que du bien qu'il m'a fait, et, d'ailleurs, quelle fortune pourrait me faire transiger avec mes sermens.

En causant ainsi, nous nous promenions dans le salon de réception du palais Monza, et nous parlions à voix basse à cause de la présence de quelques colonels et généraux, quoiqu'ils se tinssent discrètement à l'écart. Tout à coup il me prit par le bras et me dit :

— Venez, que je vous présente à ma femme; c'est un miracle de bonté, de tendresse conjugale et maternelle; que je lui dois de bonheur !

J'acceptai avec reconnaissance l'offre honorable de S. A. I., et du même pas je passai avec lui chez la princesse vice-reine, dont la bienveillante obligeance, les graces simples et la résignation m'enchantèrent. La princesse Amélie, fille du roi de Bavière, avait alors environ vingt-quatre ans; la beauté de sa physionomie, l'élégance de sa taille, la majesté de son port, annonçaient sa naissance et la sérénité de son cœur; franche, spirituelle, simple, elle fuyait le monde dont elle faisait le plus bel ornement, ne se trouvant heureuse qu'avec son mari et près de ses enfans.

Elle était alors affligée de la défection de son père; elle en versait des larmes amères, prétextant que la nécessité seule avait pu déterminer le roi Maximilien à se séparer momentanément de la cause de Napoléon, qui était la sienne. La vice-reine avait déjà trois enfans lorsque je la vis, et elle était enceinte du quatrième. Son fils unique, le second n'étant pas né encore, s'appelait Auguste Napoléon, *prince de Venise;* il était venu au monde le 8 décembre 1810 [1].

[1] C'est ce prince qui épousa, il y a quelques années, la

Les deux filles d'Eugène étaient Joséphine-Maximilienne-Eugénie Napoléon, princesse de Bologne, née le 14 mars 1807, et l'autre Hortense-Eugénie Napoléon, née le 23 décembre 1808 [1].

Ces beaux enfans idolâtraient leur père et leur mère, et étaient comme eux adorés des Milanais. La très-grande majorité des habitans du royaume d'Italie désirait Eugène pour roi ; ils ne pardonnaient point à l'empereur de le

reine de Portugal, dona Maria, et mourut empoisonné peu de temps après. Ce jeune héros était digne de la France et de son père.

[1] La première de ces deux princesses est aujourd'hui la femme du prince Oscar, prince royal de Suède ; la seconde a épousé le prince héréditaire de Hohenzollern Hechingen ; la troisième, S. A. I. Amélie-Auguste-Eugénie, née le 31 juillet 1812, est veuve maintenant de l'empereur du Brésil et roi de Portugal, don Pédro. Depuis elle, le mariage du prince Eugène eut encore deux fruits. S. A. I. Théodelinde-Thérèse-Eugénie, née le 13 avril 1814 ; et S. A. I. Maximilien-Joseph-Eugène-Auguste, né le 2 octobre 1817, et seul héritier de cette auguste et noble Maison, sous le titre modeste de duc de Leuchtenberg qu'il doit à la tendresse de son aïeul le feu roi de Bavière.

leur avoir ravi pour l'avenir. Ils se seraient levés en masse pour le conserver, mais non point pour être régis par un autre souverain; ils espéraient que la force des choses le leur rendrait, et c'est pour cela qu'ils s'affligeaient peu de désastres à la suite desquels ils recouvreraient leur souverain bien-aimé et la famille charmante qu'ils voyaient croître au milieu d'eux. Tous les Italiens que j'ai vus pendant mon séjour à Milan m'ont tenu ce langage; le nom d'Eugène était leur cri de ralliement, l'espoir de leur avenir; mais de toutes les chances qui les menaçaient, celle qu'ils redoutaient le plus était de retomber sous la main de fer de la maison d'Autriche. Avaient-ils tort?

CHAPITRE IV.

Si j'ai cru devoir négliger de parler des personnes qui composaient la cour du prince Borghèse, attendu que son gouvernement n'en était pas un, mais seulement une succursale, ou, pour mieux dire, une effigie de gouvernement ; toutes les branches d'administration relevant des divers ministères tout aussi bien que les départemens du centre de l'empire, je ne garderai pas le même silence à l'égard du gouvernement très-réel du royaume d'Italie. Là, en effet, il y avait d'autres ministres, une autre administration dont l'empereur, à la vérité, était le maître ; mais sur lesquels aucun ministre, aucun grand dignitaire de l'empire n'avait d'influence à exercer.

J'ai déjà dit que le comte de Marescalchi était ministre des affaires étrangères du royaume d'Italie, et qu'il résidait auprès de l'empereur, ce qui était assez naturel, puisque le royaume d'Italie ne pouvait avoir avec les puissances étrangères que des relations subordonnées à celles de l'empire. Je ne reviendrai donc point sur M. de Marescalchi, et je passerai sommairement en revue les autres ministres de Milan, en les laissant chacun dans la sphère de ses attributions.

Finances. Le comte de Prina, membre du sénat d'Italie. Il était originaire de Novarre; docteur, en 1791, à l'université de Turin, il devint substitut du procureur-général de la chambre des comptes dans la même ville. Régent des finances piémontaises en 1798, il montra dans ses fonctions de l'intelligence, de l'activité, du désintéressement. Il se rangea du parti des Français lors de la chute de la maison de Savoie, ce qui le fit nommer en 1800, par le premier consul, chef des finances piémontaises.

Lors de la fondation du royaume d'Italie, Prina fut appelé à Milan pour remplir le même ministère qu'à Turin; il fut créé comte, sénateur, grand-aigle de la Légion-d'Honneur, grand'croix de la couronne de fer. Tout dévoué à Napoléon, il s'attira la haine du bas peuple qui le massacra horriblement, le 20 avril 1814.

Trésor public. Le comte Veneri, sénateur milanais, très-entendu dans sa partie. On parlait peu de lui; aussi a-t-il échappé plus facilement à l'horrible catastrophe qui atteignit son confrère, le comte Prina.

Cultes. Le comte Bovaro. C'était, disait Méjean, un Italien doublé d'italien. Bien avec tout le monde, rendant service avec art, ce qui lui revalait le centuple en gratitude et en considération, le clergé l'aimait, et il conservait les bonnes graces de Napoléon. Il y avait là plus que du bonheur; il fallait qu'il y joignît de l'habileté.

Grand juge. Le comte Luisi, né à la Mirandole, en 1761; il embrassa les idées nouvelles; aussi fut-il appelé à de hautes fonctions. La république cisalpine le nomma son ministre de la justice, et ensuite l'un de ses cinq directeurs. Napoléon le confirma dans sa charge de ministre, avec la dénomination de grand-juge. Jamais la disgrace ne l'atteignit; le gouvernement autrichien l'a pensionné et considéré; il aurait pu faire mieux en l'employant. Je ne sais s'il vit encore.

Je le vis souvent; nous nous convînmes. Je trouvai en lui des connaissances variées; il cultivait les belles-lettres; son style élégant, correct, chaleureux, plaisait à des hommes difficiles; c'était d'ailleurs un magistrat irréprochable, sur lequel la faveur ou la brigue n'exerçaient aucune influence. Il jouissait d'une réputation populaire.

Secrétaire d'État. Le comte Aldini. Comme M. de Marescalchi, il n'habitait pas Milan. Paris était son lieu de résidence, lorsqu'il ne suivait pas l'empereur. Bolonais, neveu de l'illustre Galvani, il fut nommé par ses compatriotes leur ambassadeur à Paris où il se fit remarquer par l'originalité profonde et brillante de son esprit. Nommé président du conseil d'État italien, il y lutta contre le vice-président de la république, le fameux Melzi qui le fit destituer. Aldini vint à Paris demander justice. Napoléon, lorsqu'il ceignit la couronne de fer, créa Aldini comte, grand dignitaire, trésorier de l'ordre de la couronne de fer et ministre secrétaire d'État. Malgré tant de bienfaits, le fier Aldini conserva son indépendance. Il n'aimait pas l'empereur, mais il le servait par conviction. On le soupçonnait d'être lié en secret avec la cour d'Autriche[1]. C'était un homme vraiment supérieur.

[1] Depuis il a été permis de penser que ces soupçons n'étaient pas sans fondement, lorsqu'on l'a vu, en 1815, appelé par l'empereur François II au congrès de Vienne. Il n'y resta cependant que jusqu'à la fin de l'année; alors il donna sa démission et revint à Milan.

Intérieur. Le comte Vaccari, né en 1790, à Modène. Il devint successivement, par son mérite et son travail, administrateur des finances, à Modène; commissaire du gouvernement cisalpin, dans la même ville; député de Modène au corps législatif de Milan, dont il eut ensuite la présidence. Plus tard il fut nommé secrétaire d'État du royaume d'Italie, et était ministre de l'intérieur lors du voyage dont je parle. Comte, grand'croix de la couronne de fer, commandeur de la Légion-d'Honneur, on le destitua en 1814. Il était plein de droiture, de probité, écrivain supérieur; son nom, dit un biographe, restera exempt de tout reproche dans les troubles de sa patrie. Il vit maintenant à Modène en philospohe, content de son sort.

Guerre, par interim. Le comte Dunna, général et conseiller d'État. Il était tellement occupé à mon passage, que je le vis peu; on le disait très-entendu dans sa partie, et surtout fort dévoué à l'empereur.

Un signor Strigilli était *conseiller secrétaire d'État*; c'était avec lui que j'aurais dû avoir affaire, si ma mission n'eût été secrète; mais je ne l'ai pas même vu.

Parti de Paris le 15 novembre, j'étais arrivé le 19 à Turin où je restai jusqu'au 24. Le 26 au soir j'entrai à Milan d'où je ne repartis que le 4 décembre, pour me rendre à Florence. Le vice-roi, j'ose le dire, me vit partir avec regret; des pressentimens funestes l'agitaient. Toute l'Italie était émue; on craignait les Autrichiens, les Russes, les Anglais; on soupçonnait la fidélité de Murat, et même celle de la grande-duchesse de Toscane.

Le prince me dit :

— « Chaque jour on me fait des propositions avantageuses, l'Angleterre surtout; elle me veut, à l'entendre, pour roi d'Italie, ne me demandant que de me déclarer au 1er janvier prochain. L'Autriche me propose le duché de Gênes ou ceux de Parme et de Plaisance réunis avec Lucques, les fiefs impériaux de Massa-Carrara, Chiavari; la Spezzia et Sarzanne. Tout cela est inutile : je suis Français et fils de l'empereur ; je ne suis ni traître ni parricide. J'ai reçu avant-hier une lettre de mon beau-père; voici une copie de ma réponse; vous m'obligeriez si vous pouviez la faire mettre sous les yeux de l'empereur, mais indirectement; je ne voudrais pas qu'il pût supposer que je cherche à m'en faire valoir. Quoi que je fasse, je ne m'acquitterai jamais de ce que je lui dois. »

Le vice-roi m'ayant remis cette copie sans être cachetée, je commis l'indiscrétion d'en faire une ampliation; j'en agis de même relativement à une lettre ouverte dont Eugène me chargea pour le roi de Naples; je les rapporterai ici toutes les deux. Il disait au roi de Bavière :

« Sire et cher père,

« Votre Majesté m'a comblé de bien par le
« don qu'elle m'a fait de son auguste fille, ma
« chère Amélie. Par elle je suis devenu le fils de
« Votre Majesté; elle me porte à vous chérir
« comme un troisième père, car l'empereur
« Napoléon est le second à mes yeux.

« Sire, pourquoi voulez-vous atténuer 'ant
« de bienfaits? pourquoi voulez-vous me placer

« entre la déférence que je dois aux désirs de
« Votre Majesté et ce que me commande l'hon-
« neur? Une époque s'avance peut-être où il
« ne me restera d'autre avantage que cet hon-
« neur ; s'il était compromis, comment justi-
« fierais-je le choix que vous avez fait de moi
« pour gendre? Mon honneur, c'est ma vie, c'est
« mon bien, c'est ce qui me rend digne de votre
« fille. Dans quel abîme ne tomberais-je pas si
« tout à coup je passais au rang des ennemis de
« l'empereur?

« Vous êtes roi, Sire, et, à ce titre, les intérêts
« de vos peuples peuvent vous imposer de dou-
« loureux sacrifices; nul ne peut blâmer votre
« conduite : elle est dans l'intérêt de la nation
« que vous gouvernez si paternellement.

« Je suis, moi, sujet, fils et agent. Comme
« sujet, ma trahison serait criminelle; comme
« fils, elle serait parricide; comme agent, si je
« viole le mandat de mon chef, je me souille
« d'infamie. Quelle couronne m'en relèverait?
« quel manteau royal cacherait une tache pa-
« reille?

« Si, admis dans le collége des rois, un
« sceptre m'est confié, je veux le recevoir avec
« des mains pures. Si l'on me fait descendre
« d'un droit qui m'est garanti, je veux du moins
« sauver ma loyauté du naufrage, et emporter
« dans ma retraite l'estime du monde et la vôtre,
« Sire.

« Je crois donc que j'aurai l'assentiment de
« Votre Majesté.

« Je suis, Sire, etc., etc.

« EUGÈNE-NAPOLÉON.

« 2 décembre 1813. »

J'ai été plusieurs fois tenté de faire connaître au public cette noble réponse; mais, sans y être bien décidé, ayant toujours une arrière-pensée relativement à cet ouvrage, j'ai voulu la conserver vierge pour l'y faire entrer. Je dirai la même chose à l'égard de la lettre dont je fus chargé pour Murat, et où l'on retrouvera l'expression des mêmes sentimens d'honneur, d'abnégation et de devoir. La voici :

« Sire et cher oncle,

« Nous sommes à une époque critique ; il est
« certain que nous jouons le tout pour le tout.
« Dans cette partie liée, que l'empereur dirige
« tous nos mouvemens. Par lui nous sommes,
« vous roi, moi vice-roi ; sans lui, vous seriez le
« maréchal Murat, moi, le vicomte de Beauhar-
« nais..... et même qui sait.... Mais pour des
« hommes comme Votre Majesté, et je dirai,
« comme moi, l'intérêt n'est rien, l'honneur est
« tout. Notre honneur, Sire, nous attache à
« l'empereur, identifie notre existence à la
« sienne. Le servir est pour nous un devoir,
« une nécessité. Des promesses fallacieuses en
« nous flétrissant nous feraient perdre le cer-
« tain pour l'incertain. Ne vous fiez pas à des
« paroles ! Quelle foi peut-on avoir dans un
« traître ? sur quelle base peut-il fixer un ser-
« ment qu'il vient lui-même de parjurer ? on se
« sert de lui, puis on le foule aux pieds, et on
« fait bien.

« Quoi qu'on vous promette, vous occupez un
« trône dont on ne vous laissera pas la pro-

« priété. L'empereur renversé, on marchera
« sur vous, nonobstant tout engagement; les
« prétextes ne manquent jamais au fort, pour
« écraser le faible.

« Chassez les agens étrangers qui en même
« temps conspirent contre vous; revenez franche-
« ment à l'empereur, oubliez vos griefs, songez
« au passé, songez à l'avenir et à l'histoire. Par
« l'empereur seul, vous pouvez voir la Sicile
« compléter votre royaume. Votre intérêt, d'ac-
« cord avec votre gloire, veut que, d'accord
« ensemble, nous lui sauvions l'Italie, et que
« nous fassions une forte diversion qui étonne
« les ennemis de l'empereur, et lui offre la
« possibilité de les repousser.

« Quant à moi, je ne rendrai qu'à lui ma
« vice-royauté. Je ne lui manquerai que quand
« il fera faute à la France; lorsque lui-même
« en aura disparu. Jusque-là, ce qui n'arrivera
« jamais, je combattrai les armées, et je repous-
« serai les négociations. Je n'entendrai à aucune
« paix, trève, armistice, cessation d'hostilité.
« Je suis son sujet, son fils. *Honneur et Patrie*

« sont ma devise, je ne m'en départirai pas ; je
« vous conjure de m'imiter, bien assuré que la
« reine ma tante fera comme moi, qu'elle vous
« tiendra le même langage qui d'ailleurs est
« celui de votre cœur, etc., etc. »

En me donnant cette lettre, le prince me dit :

— Vous la trouverez froide, cela doit être, je
l'ai écrite avec embarras ; j'ai trop de raisons
pour avoir des doutes sur la fidélité du roi de
Naples. On le circonvient ; il a même déjà signé
un premier traité avec l'Autriche ; maintenant
il est en négociation avec l'Angleterre, et le
traité sera signé pendant votre séjour à Naples,
si la faute n'est pas déjà commise.

— Il est impossible, prince, que le roi Murat abandonne la France et trahisse l'empereur ; il sait trop à quoi il s'exposerait. Il ne
voudra pas se charger d'une responsabilité pareille.

— Je voudrais me tromper ; mais je ne suis
que trop bien instruit..... A Florence, on ne
vous dira rien, parce qu'on y couve la même

perfidie... Vous allez à Rome, parlez-en à Miollis; il vous dira la vérité, il la sait; nous sommes au moment où des défections bien imprudentes étonneront, indigneront l'Europe; Murat est un fou...

— Et sa femme est la propre sœur de l'empereur!

— Ils se laisseront tous deux séduire à l'espérance de conserver leur couronne. L'esprit, le courage, les talens, sont choses communes; ce qui est rare, c'est de savoir s'en servir.

Cette conversation eut lieu à mon audience de départ, le 4 décembre. Il était de très-grand matin; j'avais la veille pris congé de la vice-reine. Elle me donna une boîte d'or, ayant sur le couvercle son portrait et celui de son mari; un double cercle de rubis et d'émeraudes en augmentait la valeur matérielle, mais n'en ajoutait aucune pour moi.

Milan renfermait des hommes de mérite, que j'aurais voulu fréquenter : des artistes, des amateurs recommandables, des savans du premier ordre. Le temps me manqua pour satisfaire mon envie ; d'ailleurs je tenais à faire le moins de bruit possible. Appiani, le peintre, fut le seul que je rencontrai dans le palais où il travaillait ; j'allai à lui, et il voulut bien me conduire dans l'examen que je désirais faire des chefs-d'œuvre dont il a rempli Milan. Je lui trouvai des qualités brillantes, un coloris éclatant, une grande hardiesse de composition ; ses figures sont remarquables par une expression profondément sentie. C'est un homme d'un mérite supérieur ; mais nos grands peintres modernes, Ingres, David, Gros, Gérard, Guérin, Girodet, le laissent derrière eux. La place qu'il occupa fut cependant honorable.

Ma bonne fortune me mit en présence du poète Monti, alors très-effrayé des évenemens politiques. J'admirai le respect et la ferveur avec laquelle il me parla de la famille impériale d'Autriche. Je ne doutai pas qu'il ne préparât, sous d'autres points de vue, un pendant à son poème *du Barde de la forêt Noire*. Monti, en contemplation devant sa renommée, traita avec tant de mépris les poètes modernes français, que je ne pus m'empêcher de lui dire que, chez eux, la force et le nombre des pensées remplaçaient le cliquetis des mots harmonieux, recouvrant l'impuissance des idées. Il resta muet, me battit froid, et, à mon grand regret, nous nous séparâmes presque ennemis.

J'eus le courage, en quittant Milan, de ne consacrer que quatre jours à parcourir les villes intermédiaires entre cette ville et Florence. Les campagnes étaient en mouvement; on s'attendait à une révolution : on voyait les Anglais longer les côtes de la Toscane. Ils avaient une flotte nombreuse chargée de troupes de débarquement. Le commodore, sir Rowly, la commandait.

Florence, située sur l'Arno, dans une position charmante, a tous les agrémens d'une capitale. Je n'y étais pas venu depuis la fâcheuse mission dont j'avais été chargé pour la reine d'Étrurie. Malgré le changement survenu dans le gouvernement, je retrouvai tout à peu près comme je l'avais laissé. Quelques tableaux, quelques statues, avaient disparu, d'autres les remplaçaient; mais les palais, les monumens, n'avaient éprouvé aucune variation.

Florence est une ville à part, c'est la représentation du moyen-âge; rien n'y ressemble à ce qu'on voit dans les autres cités. Elle a sa physionomie à elle. On peut, jusqu'à un certain point, comparer Vienne à Munich, Londres à Paris, Madrid à Lisbonne, Copenhague à Stocholm, Venise à Amsterdam; mais Florence est unique. Je m'y retrouvai avec infiniment de plaisir, et j'en ai plus d'une fois regretté le séjour. C'est le pays de la probité, de la bienveillance, et, pour y vivre libre, on n'a pas besoin que la liberté soit écrite dans la loi.

A mon arrivée, malgré la douceur habituelle de ses mœurs, et sa résignation aux changemens de domination, Florence se ressentait cependant de l'émotion générale répandue dans toute l'Italie. La voix du peuple y proclamait la trahison de Murat, et l'on attendait la signature du traité qui le ferait entrer dans la coalition. On disait tout haut que, le traité conclu, il marcherait en avant pour chasser les Français de la Romagne et de la Toscane, pour prendre ensuite en flanc l'armée du prince Eugène. La populace se réjouissait de nos désastres sans savoir pourquoi; quant aux classes élevées, elles nous regrettaient sans oser nous le dire. La colonie française, triste, morne, épouvantée, se préparait ostensiblement à la retraite.

La princesse Élisa était moins belle que ses sœurs, mais elle ressemblait à Napoléon; c'était une tête d'homme sur un corps de femme; elle passait pour avoir un esprit supérieur. On lui croyait un grand caractère et beaucoup d'énergie; on était dans l'erreur; ce n'était qu'un vain échafaudage, qu'une façade, derrière laquelle il n'y avait point de monument. L'édifice supposé s'écroula au premier choc. Dès qu'il s'agit de commander autre chose que des fêtes; quand il fallut prévoir, combattre, diriger des événemens majeurs, il ne resta plus derrière la toile qu'une femme ordinaire, timide, embarrassée, et qui termina par de l'ingratitude une carrière commencée si brillamment.

Son mari, moins capable qu'elle, perdit par son inaction, dans ces jours critiques, le peu de réputation qu'on lui avait faite, et qu'il songea peu à conserver.

Les principautés de Lucques et de Piombino n'avaient que trois ministres ; M. Louis Matteuci, officier de la Légion-d'Honneur, était à la fois chargé, avec le titre de grand-juge, des porte-feuilles de la justice, des relations extérieures, de l'intérieur, de la police, de la guerre et des cultes ; c'était l'*omnis homo*. M. Joseph Belluomini avait le département des finances ; M. Louis Vanuci était ministre secrétaire d'État.

La maison d'honneur de la princesse, en sa qualité de grande-duchesse de Toscane, était nombreuse. Elle avait pour premier aumônier le cardinal Zondodari.

Quant aux chambellans, écuyers et dames composant la maison d'honneur de la grande duchesse, je n'en donnerai point la liste, par la raison qui m'a fait passer sous silence les noms des personnes attachées aux mêmes titres au prince et à la princesse Borghèse : je ne veux pas copier l'almanach impérial. Cependant je dois faire observer que la gouvernante, en cette qualité, avait seule une maison, tandis que le prince et la princesse Borghèse avaient chacun la leur; et ensuite que le prince Félix Bacciocchi et sa femme avaient une seconde maison, comme souverains de Lucques et de Piombino. Les deux maisons réunies rendaient la cour de Florence nombreuse et brillante.

Un chambellan de Lucques, le marquis de Lucchesini, fils du célèbre diplomate de ce nom, qui, pendant plusieurs années, joua un si grand rôle dans le cabinet de Berlin, était à cette époque auprès de la grande duchesse dans une position à part; il était à la fois le ministre officieux du cabinet et le ministre officiel du boudoir.

Il y avait à Florence un commissaire-général de police, M. Lagarde, personnage très-remuant; il envoyait des circulaires à tous les fonctionnaires, et se débattait dans les trois départemens de la Toscane, comme s'il se fût agi d'un grand empire. A force de vouloir bien faire, il embrouillait tout. Le receveur-général, dont le nom m'échappe[1], était un personnage très-important; sa faveur était grande et l'on ne pouvait se passer de lui. On ne jurait que par lui, aussi était-il passablement gonflé de son importance; c'était au fond un excellent homme, bon trembleur, et qui déjà faisait ses paquets pour revenir en France. Toutefois la palme de la frayeur appartenait sans conteste à M. d'Osmond, archevêque nommé de Florence; il frémissait à la seule idée d'un mouvement populaire, et je dois convenir que sa position était fort critique. M. d'Osmond était un homme du monde parfaitement aimable. Précédemment évêque de Nancy, il était passé à l'archevêché d'Aix, mais sans pouvoir obtenir les bulles d'institution. Il était de même à Florence où tout alla bien tant qu'il se sentit protégé par la toute puissance impériale; mais, celle-

---

[1] Nous pouvons venir au secours de la mémoire de l'auteur; le receveur-général de Florence était M. Sourdeau. Il épousa à Florence une charmante personne, lectrice de la grande duchesse; il est mort sous la restauration, à Maroc, où il était consul de France.

(*Note de l'Éditeur.*)

ci menacée, il n'était nullement rassuré, sachant de quelle manière se manifeste quelquefois le zèle dévot du peuple italien; il n'ignorait pas qu'on ne voyait en lui qu'un intrus qui s'était impatronisé de vive force dans la chaire archiépiscopale. Le jour où M. d'Osmond avait voulu officier à la cathédrale, le clergé italien et le peuple avaient fui de l'église où il n'était resté que la grande-duchesse, son mari et les Français; en sortant, il avait été poursuivi à coups de pierres avec de grandes huées.

Depuis ce moment, l'archevêque de Florence vivait retiré dans son palais d'où il n'osait même pas sortir pour se promener: il avait la tête perdue.

A Nancy, où il était très-aimé, un préfet, nommé Marquis, imbu de principes révolutionnaires et philosophe renforcé, s'était attaché à contrarier en tout le prélat. Un jour, il imagina de vouloir lui faire nommer à une cure importante un mauvais prêtre; la résistance fut vive, l'insistance pressante; enfin, l'évêque forcé dans ses ménagemens de politesse : — Hé !

M. le préfet, les mœurs à part, le moyen de faire curé un homme qui est aussi bête que vous et moi.

La précaution oratoire du prélat le sauva de la colère de M. Marquis, et néanmoins le propos mit fin à sa tracasserie.

M. d'Osmond à qui on annonça l'ancien évêque de Saint-Dié (M. de la Galissonnière), et voyant entrer un homme d'une taille colossale et aux jambes si cagneuses, qu'elles ressemblaient aux deux branches d'un compas, dit tout bas à un de ses grands vicaires :

— Mon valet de chambre se trompe ; je gage que c'est l'archevêque de Rhodes.

Cette allusion au fameux colosse fit fortune. Mais l'esprit ne suffisait pas aux Florentins ; il fallait que leur premier pasteur fût en communion avec le saint siége, et, tant qu'on ne lui verrait pas ses bulles, on le tiendrait pour schismatique et on le poursuivrait comme tel.

A peine étais-je arrivé à Florence, qu'un émissaire de M. de Lagarde vint m'intimer l'ordre de me rendre auprès de son maître. Je lui répondis qu'étant bien fatigué, le besoin de sommeil me contraignait de remettre au lendemain l'honneur de le voir.

Une heure après, des gendarmes se présentent et m'exhibent l'ordre de les suivre chez M. Lagarde. Cette fois, je me soumis. J'arrivai auprès du personnage qui, sans se déranger ni me faire la moindre civilité, m'adressa une admonition ridicule. Je le laissai parler sans l'interrompre, jusqu'au moment où il crut devoir procéder à mon interrogatoire. Alors je pris ma revanche comme on va le voir.

— Votre nom, vos prénoms?

Je les lui dis.

— Votre âge?

Je le déclare encore.

— Votre profession, ou vos qualités, si vous en avez?

— Chambellan et comte.

— Quoi! que dites-vous?

— Je réponds à vos questions.

— Mais ce titre, cette qualité?

— Hé bien, comte et chambellan.

— De qui?

— Comte de l'empire et chambellan de l'empereur.

A ces mots, je vis mon homme passablement embarrassé.

— M. le comte, il y a un mal-entendu.

— Non; mais de votre part une vexation très-gratuite. J'arrive horriblement fatigué, vous m'envoyez chercher, je réponds poliment que le lendemain je serai à vos ordres, et vous répliquez par des gendarmes.

— Mon devoir..... ma position....

— Ne dispensent ni des égards dus à un voyageur, ni des formes de la politesse.

Piqué au vif, il me demande mon passeport; ce fut encore bien pis. Une note du ministre de la police me donnait le droit de requérir les agens de la police qui devaient exécuter mes ordres sur toute la route, attendu que je voyageais pour le service intime et pressé de sa majesté l'empereur et roi. Ce pauvre homme, après avoir lu la note, ne savait où se fourrer ; il voulut, par réparation, me reconduire jusqu'à mon hôtel, chez le fameux Schnneïder dont j'ai déjà parlé.

La grande-duchesse à laquelle je fis demander le lendemain une audience, me l'accorda sur-le-champ. Je la trouvai seule. Dans une première salle, j'avais rencontré le chambellan de Lucchesini qui avait tâché de me tirer les vers du nez ; dans une autre pièce, je trouvai le prince Bacciocchi ; celui-ci, moins rusé, me demanda si j'étais porteur d'ordres sinistres ; me dit que l'empereur semblait être de mauvaise humeur, et ajouta qu'à Florence personne ne songeait à lui désobéir.

— J'ignore, répondis-je, les pensées de Sa Majesté, elle ne m'admet pas dans son conseil.

— Alors, pourquoi avez-vous demandé une audience secrète et hors de ma présence?

— Monseigneur, S. A. I. madame-mère, sachant que je venais en Italie, m'a chargé d'une commission pour son auguste fille; j'obéis à ses instructions en sollicitant l'honneur d'une audience particulière.

Le prince ne parut pas très-convaincu de l'exactitude du motif que je venais d'alléguer; mais, voyant bien qu'il ne tirerait pas autre chose de moi, il se mit à chanter les louanges de l'empereur, tout en laissant échapper quelques mots sur la frayeur que lui causait l'escadre anglaise croisant dans les eaux de Livourne. Il me quitta, et je fus introduit chez la grande-duchesse. Ayant l'honneur d'être connu d'elle, la princesse m'adressa une foule de questions sur moi, ma famille, mes alentours, l'empereur, l'impératrice, le roi de Rome, la reine Hortense, la cour, que sais-je? il fallut attendre la fin du débordement de ce torrent de paroles : je pris patience. Quand elle eut achevé :

— Madame, lui dis-je, je dois faire savoir à Votre Altesse impériale que je suis porteur d'ordres de l'empereur.

— Que me veut-il? dois-je quitter la Toscane? suis-je calomniée?

— Non, Madame. L'empereur vous aime, se confie en vous, mais il se défie de deux hommes l'un....., je tais son nom par considération personnelle à cause d'une communauté de service; l'autre, c'était le jeune marquis, alors comte Lucchesini; il les voit avec peine auprès de votre personne et investis de votre confiance. Il exige leur éloignement.

Les yeux de la princesse se remplirent de larmes.

— Voilà l'empereur: il ne peut souffrir que l'on s'attache à mon service; il persécute mes fidèles. Ce pauvre Capelle le servait si bien! il savait qu'il était aimable, que sa société m'était agréable; c'en fut assez pour l'envoyer à Genève, sans songer qu'il exposait ma réputation. Il en avait déjà fait autant à l'égard de Fontanes; et, aujourd'hui, encore un nouveau renvoi! C'est s'y prendre un peu tard.

— Madame, dis-je, les circonstances actuelles

exigent que l'empereur n'ait autour des personnes de sa famille que des gens dévoués et dont il soit sûr. Les liaisons du père de M. de Lucchesini avec la Prusse, son influence dans le corps diplomatique, peuvent inspirer de la méfiance sur les intentions du fils. Si, par hasard, il tentait d'entraîner Votre Altesse impériale vers la coalition...

— Monsieur, vous vous oubliez, me dit avec hauteur la princesse.

— Madame la grande-duchesse me force, repartis-je sans m'étonner, par son interprétation, à lui avouer que je ne suis que le porte-parole de l'empereur ; c'est l'empereur qui craint qu'un agent de l'étranger ne soit en Toscane, qui le croit, et il m'a envoyé pour paralyser ses intrigues.

— Mon frère me soupçonne-t-il de trahison ?

— On lui parle d'un pacte signé, ou prêt à l'être, et les lumières venues sur ce fait ne lui permettent guère d'en douter.

La princesse balbutia, se prétendit pure, me

jura ses grands dieux que ni......, ni Lucchesini, ne lui avaient proposé aucune fausse démarche; mais elle me dit cela si faiblement, que sa dénégation ressemblait presqu'à un aveu.

Sur ces entrefaites, M. de Lucchesini entra. Il avait la figure bouleversée. Le prince le suivait à peu de distance, accompagné du directeur-général de la police.

— Madame, dit M. de Lucchesini, la flotte anglaise, commandée par le commodore sir Rowly, débarque en ce moment des troupes de terre, sur le territoire de votre principauté de Lucques dont il est évident que la coalition veut s'emparer.

— Tout est perdu, dit le prince en faisant une piteuse mine; nous sommes sans armée. Qu'allons-nous devenir?

— Cela, du moins, dit la grande-duchesse en me regardant, prouvera que je ne traite pas avec l'ennemi.

J'allais me retirer; la grande-duchesse m'ordonna de rester.

— Vous êtes voyageur, dit la princesse; mais, attaché comme vous l'êtes à la personne de l'empereur, mon frère, je suis charmée que vous assistiez au conseil qui sera tenu; que vous voyiez par vous-même les mesures que l'on va prendre.

Je m'inclinai, étant au fond très-intrigué de ce qui se passait, et soupçonnant la cour de Toscane d'être d'accord avec les Anglais. Je ne me trompais point. J'ai su depuis que, si Livourne avait capitulé sous le prétexte spécieux que l'on ne pouvait plus se défendre, on aurait traité pour la reddition des trois départemens, en stipulant pour soi sa possession paisible de Piombino et de Lucques. L'intrépidité des autorités françaises à Livourne, comme je le dirai plus bas, ne permit pas d'exécuter ce plan; mais rien ne put empêcher la catastrophe.

Peu après survinrent le baron Fauchet, préfet de l'Arno; M. Félix Damoreux, secrétaire-général; le baron Montiglio, premier président de la cour impériale; le baron Carreli, procureur-général; M. Bourcy, directeur-général des droits réunis; M. Duverton, directeur des contributions directes; le fameux receveur-général; enfin, monseigneur d'Osmond, pâle, effrayé, s'émerveillant d'avoir traversé la ville sans qu'on l'ait mis en pièces.

On donna à ces messieurs les nouvelles qu'on put leur donner. Le général Leigeard, qui commandait sous le prince, accourut pour prendre ses ordres, S. A. I., lui dit :

— Général, votre capacité m'est connue; faites comme vous l'entendrez.

On ramassa quelques centaines de soldats; on en forma des compagnies; le signor Mariotti, aide-de-camp du prince eut mission d'examiner la chose; après quoi, on se renferma dans Florence, et on attendit les événemens.

Les troupes de débarquement, composées d'Anglais, de Portugais, de Hessois et de Siciliens, sous la conduite du colonel-général Schmidt, débarquèrent paisiblement sur la plage de Viareggio, petite anse, et petite ville assez proche de Lucques. Un fortin bien approvisionné aurait pu gêner leur descente; mais l'officier toscan et la garnison lucquoise avaient noblement pris la fuite à la première tentative de descente, et, comme en partant, ils avaient emporté les clés, les Anglais durent briser les portes. Là se borna la fatigue de leur expédition.

Viareggio soumis, l'armée victorieuse marcha sur Lucques; à onze du soir, elle fut en vue des remparts. Les portes étaient fermées; le ministère et le conseil d'État se déclarèrent en permanence. Afin que l'ennemi ne s'impatientât pas, les alliés tirèrent un coup de canon à boulet pour première sommation; en réponse, on demanda une capitulation. Un officier vint en parlementaire, et, pendant qu'il était en pourparlers, les assiégeans impatientés tirèrent un second coup de canon. Aussitôt, on ouvrit les portes pour se sauver dans la campagne. Les Anglais, libres de tout engagement, entrèrent en vainqueurs comme s'ils eussent enlevé la ville d'assaut, et en prirent possession au nom de Georges III. Cette expédition facile leur valut une quantité énorme de munitions de guerre et une partie du trésor de la grande duchesse; ils prirent ce qu'ils voulurent, détruisirent le reste et enclouèrent la grosse artillerie.

L'insurrection gagna la campagne; le commandant de Pise, militaire français, vaillant quoique mutilé, le chef de bataillon Guérin, fit des préparatifs énergiques de résistance, bien qu'il n'eût qu'une poignée de soldats; mais son cœur généreux valait une armée. Malheureusement il ne communiqua rien de son énergie à M. de Nobili, sous-préfet de Pise, qui se montra faible et pusillanime, si ce n'est hostile.

La fille de la grande-duchesse, madame Napoléon, était à la campagne auprès de Pise; on la fit partir en hâte pour Florence où déjà le bruit avait couru qu'elle était tombée au pouvoir des Anglais. Cette enfant, vive et pétulante, était très-volontaire; souvent elle tapait du pied en grossissant la voix.

— Qu'on m'obéisse, et vite, disait-elle. Que tout tremble devant moi: je suis la petite Napoléon.

On n'avait réuni en Toscane que peu de

moyens pour s'opposer au débarquement; les Anglais n'avaient eux-mêmes que des forces insuffisantes, et bien certainement on serait parvenu à les chasser, si la défection de Murat n'eût été manifeste. Un corps de dix mille Napolitains campait depuis deux semaines sous les murs de Florence, allant, disaient-ils, au secours du prince Eugène; et cependant ils n'avançaient pas. Dans cette occurrence, Lucques ayant été prise, certainement les généraux de Murat auraient dû sans hésiter, tenter la délivrance de la Toscane; ils demeurèrent immobiles; la grande duchesse ne leur fit aucune demande : il y avait connivence entr'eux, et tous attendaient l'événement.

Aux six cents hommes détachés de Florence, on envoya à Pise *deux pièces de canon!* Quelle dérision !

Le salut vint de Livourne. Là, un simple colonel, M. Dupré, commandait la ville et le département. Ayant peu de monde sous ses ordres, aidé par l'équipage du brick l'*Acrisius* et par des compagnies civiles composées d'employés français, que forma un auditeur au conseil d'État, alors sous-préfet de Livourne, il se résolut à soutenir le siége.

Dans la campagne, le général de brigade, baron Pouchain, homme d'un mérite borné, mais incorruptible, quoique d'ailleurs il aimât l'argent, ayant réuni six cents hommes aux six cents venus de Florence, tenta d'attaquer les Anglais à force ouverte; il voulait ou les refouler dans la mer ou les faire prisonniers de guerre.

L'armée partit de Pise et traversa la Serchio; la route était inconnue; on se méfiait avec raison des naturels du pays. Le sous-préfet de Livourne, qui seul connaissait la contrée, servit de guide et reçut le premier feu de l'ennemi.

Les Anglais, chargés de butin, assurés de rentrer à Lucques lorsqu'ils le voudraient, avaient un autre plan qui consistait à s'emparer de Livourne. Le commerce de cette ville, tout italien, leur avait envoyé une députation pour les prévenir qu'à la première attaque, la ville se soulèverait, forcerait les Français à se renfermer dans les forts où ils seraient bientôt contraints de capituler.

Le colonel-général Schmit faisait donc rembarquer sa troupe, lorsque le général français, baron Pouchain, l'attaqua avec une ignorance stratégique qui sautait aux yeux des moins instruits ; il en résulta la mort du chef de bataillon de Martange, noble et intrépide militaire ; un régiment de cavalerie, presque entièrement composé de Napolitains et commandé par le major Voisin, lacha pied, laissant seul son brave chef. Le sous-préfet de Livourne se battit en amateur, fut blessé à la cuisse gauche et dut, lors de la déroute, chercher son salut dans la fuite. Les Français eussent été enveloppés si les Anglais avaient voulu les poursuivre ; mais, pressés d'arriver à Livourne, ils se contentèrent d'avoir battu l'inhabile Pouchain et continuèrent leur embarquement.

Le lendemain, 12 décembre, ils descendirent sur la plage de Livourne. Dès dix heures du matin, l'insuffisance de troupes ne permit pas à l'héroïque Dupré de s'opposer à ce premier mouvement; il dut même abandonner les faubourgs et se renfermer dans la ville. A deux heures, le feu commença; les Anglais, maîtres des faubourgs, s'y logèrent et incommodèrent beaucoup les troupes françaises.

On leur répondit, mais mollement; il était inutile de presser le feu tant que leur attaque ne serait pas directe contre le corps de la ville. On était alors aux jours les plus courts de l'année; la nuit étant donc venue à cinq heures, la fusillade cessa; on en profita pour prendre de meilleures dispositions. Les remparts étaient dégarnis dans beaucoup d'endroits, faute d'un nombre suffisant de soldats pour placer des sentinelles et établir des postes. Les employés civils, guidés par le sous-préfet, les suppléèrent. Le préfet ne prit aucune part à cet élan.

Au point du jour, un feu bien nourri, parti des belles maisons du faubourg, incommoda les Français; alors on tira du brick, à boulets rouges, par dessus la ville, et on causa par là aux habitans qui avaient appelé les Anglais des dommages immenses; on les délogea; ils se sauvèrent pour se garantir de la chute des édifices qui de toutes parts s'écroulaient sur eux.

Les Livournais, voyant la ferme détermination et l'attitude décidée du colonel Dupré, renoncèrent, à leur grand regret, à leur projet de révolte. Les Anglais, de leur côté, informés de la marche d'une division italienne que le prince Eugène dirigeait contre eux, se rembarquèrent précipitamment.

Dès que la nouvelle en eut été portée à Florence, je me déterminai à continuer ma route; il n'y avait pas un moment à perdre, si je voulais encore trouver Murat conservant au moins les apparences de la fidélité. Avant de partir, je conjurai la grande-duchesse de ne pas dévier de son devoir; elle me promit tout, mais ne tint point parole; bientôt elle renoua ses intrigues avec les Anglais. Je dirai plus loin ce que j'ai su à ce sujet.

Monseigneur d'Osmond me quitta avec peine: il voulait me suivre, persuadé qu'il serait plus en sûreté à Rome ou à Naples que dans son diocèse. Cependant la crainte de l'empereur, cet effroi qui surgissait au dessus de tous les autres, le retint jusqu'au dernier moment.

M. de Lucchesini, dans une dernière visite qu'il me fit, me parla à cœur ouvert. A l'entendre, Napoléon était perdu; les sages devaient déjà retirer leur épingle du jeu et l'abandonner. Ainsi le roi de Naples, la grande-duchesse, M. Lagarde, lui et moi, chacun dans notre sphère, nous devions traiter avec les alliés, disposés à faire à tous un pont d'or.

— Monsieur, lui dis-je, la délation m'est en horreur; je garderai donc le silence sur une ouverture que vous auriez dû ne pas me faire. Je souhaite, pour vous, que votre manière de voir n'arrive pas jusqu'aux oreilles de l'empereur; car, s'il en était instruit, vous seriez infailliblement fusillé dans les vingt-quatre heures, et aucun des fidèles serviteurs de sa majesté ne vous plaindrait.

— Il faudrait pour cela qu'il fût vainqueur, mais je le tiens déjà pour vaincu.

Si Napoléon l'eût entendu!...

CHAPITRE V.

Le quinze de décembre, un mois, jour pour jour, après mon départ de Paris, je quittai Florence. J'étais navré de tout ce que j'y avais vu et entendu. Et comment les souverains oseraient-ils encore s'étonner et se plaindre de la trahison de leurs serviteurs, quand ils sont trahis par les membres de leur propre famille! Je pris la route de Sienne.

Cette ville est bâtie sur une montagne, ou plutôt sur une espèce de cirque entouré d'une élévation circulaire qui la domine presque de tous les côtés; on dit que c'est le cratère comblé d'un ancien volcan, et cela peut être vrai, à en juger par le nombre considérable de scories que l'on trouve sur les hauteurs environnantes. Sienne, au temps de sa splendeur, a compté jusqu'à cent mille habitans et plus; elle en avait à peine vingt mille en 1813. La ville a à peu près la forme d'une étoile. La cathédrale, appelée le Duomo, est un édifice gothique des plus beaux qui soient en Italie.

Il y règne une profusion inouie de marbres précieux, moins précieux toutefois que les peintures dont cette église est décorée. Il y a là des Raphaël, des Pérugin, des Michel-Ange, des Carrache, et d'autres tableaux des plus grands maîtres. La sculpture y déploie un luxe non moins grand que celui de la peinture; mais le profane s'y mêle au sacré d'une manière encore plus sensible que partout ailleurs en Italie, si ce n'est à Rome. J'ai vu, non sans quelque étonnement, dans la sacristie du Duomo, le groupe des trois Grâces, en marbre blanc, du plus admirable travail. La maison commune est un bel édifice; la grande place, creusée en forme de coquille, est inondée pendant l'été, pour donner de la fraîcheur.

Je ne tracerai pas un froid itinéraire de mon voyage; je ne m'arrêtai d'ailleurs point dans toutes ces villes pittoresques que l'on traverse depuis Sienne jusqu'à Radicofani, dernière limite de la Toscane, que l'on quitte alors pour entrer dans l'État romain, dont la première cité est, comme on sait, Aquapendente. Là commencent l'aspect de la misère et les champs désolés, jusqu'à ce qu'ayant côtoyé le lac de Montefiascone on arrive à l'élégante ville de Viterbe, parée d'églises comme une madone l'est de colliers et de bijoux. A Viterbe, l'Italie brille de tout son éclat, représentée par de somptueux édifices, des portiques, des colonnes et des statues. Dans le voisinage de Viterbe s'élève, sur une éminence, le fameux pentagone de l'architecte Vignole, qui servait à la fois de lieu de plaisance et de forteresse. C'est un des chefs-d'œuvre de l'art.

Enfin, j'arrivai à Rome le cœur contristé du misérable aspect que m'avaient présenté, sur tous les points, les campagnes que je venais de traverser pour la seconde fois.

N'ayant pas le loisir de visiter de nouveau les monumens de Rome, que je connaissais déjà, tout aussitôt après mon arrivée, je me rendis chez le général Miollis qui me reçut comme un ami, quoique nous ne fussions que de simples connaissances; mais dans les circonstances où nous étions, attachés à la même fortune, un lien plus étroit devait naturellement se former entre nous.

— Tout est perdu, me dit-il; nous allons être contraints d'évacuer Rome; les Anglais l'emportent. Murat est séduit; que deviendrons-nous? Vous, si vous voulez arriver jusqu'à lui, ne perdez pas un instant. J'ai déjà vu ici, à son passage, le sénateur comte de......, qui va tenter de le ramener dans la bonne voie. Hâtez-vous, ne vous arrêtez pas ici.

Le général Miollis me démontra si bien l'urgence de mon départ, qu'après quelques heures de repos, je remontai en voiture pour arriver, s'il en était encore temps, au principal but de ma mission. En suivant la chaussée qui traverse les marais Pontins, l'inquiétude me gagnait de moment en moment, non point que j'eusse peur des miasmes pestilentiels qui s'en exhalent, mais une pensée se reportait malgré moi sur le grand empire que je voyais craquant de toutes parts et près de s'écrouler. Le long de la route, je rencontrai plusieurs régimens napolitains qui s'acheminaient vers la Romagne et la Toscane, pour les envahir au nom de la coalition, et non pour les défendre au nom de l'empereur.

Dès mon arrivée à Naples, le 21, j'allai demander sur-le-champ une audience à la reine Caroline. Aussitôt qu'elle me vit, elle se mit à pleurer; je fus surpris de cet accueil; les sanglots suivirent, et je me sentis extrêmement embarrassé. Je gardai un silence respectueux.

— Je sais ce qui vous amène, me dit-elle, on vous a précédé; vous venez réclamer ce que nous devons à la France. Hélas! faut-il nous perdre avec elle. Que l'empereur fasse la paix : peut-il se flatter de résister à l'Europe ?

— Il l'aurait pu, Madame, répondis-je, si ses parens ne l'avaient pas abandonné ; mais, délaissé dans le Nord, dans le centre, dans le Midi, ne pouvant compter que sur le prince Eugène, il est bien à plaindre après tout ce qu'il a fait pour sa famille.

— Oui, Monsieur, il a beaucoup fait sans doute. Mais faut-il, parce qu'il veut se perdre, renoncer à ce qu'il a donné.

— Je crois, répondis-je, que la perte sera plus assurée en se séparant de lui. Sur quel fondement solide votre trône est-il établi, si ce n'est sur le trône de France ? Croyez-moi, Madame, tous les anciens souverains feront cause commune entr'eux ; leurs intérêts comme leurs droits sont solidaires, et lorsque Ferdinand redemandera son royaume de terre ferme, on le lui rendra, malgré la promesse faite à votre mari.

— Vous vous trompez : les Anglais et les

Autrichiens nous garantissent la possession de Naples. Nous faisons ce que la raison nous dicte, ce qu'exige l'intérêt de nos peuples qui nous sont chers : nous leur sacrifions nos affections. D'ailleurs personne ne blâme le prince royal de Suède; nous n'agirons pas autrement que lui.

— Je vois, dis-je, avec regret que l'exemple de Charles-Jean sera un piége où se prendront des parens plus rapprochés de l'empereur; mais que Votre Majesté veuille bien réfléchir, et elle verra combien ces deux positions diffèrent l'une de l'autre. En 1805, le roi de Naples, en pleine paix, rompt son alliance avec Napoléon et ouvre ses ports aux étrangers. Napoléon envoie des troupes, fait la conquête régulière de ce royaume et lui donne un souverain. Le roi n'a pu se maintenir qu'à l'aide des troupes françaises, et il y a toujours des symptômes de rebellion et de mécontentement. En 1810, les États de Suède, toute la nation, cherchent un héritier du trône près de devenir vacant; ils jettent les yeux sur la France, ils y font choix d'un général français. On lui fait des conditions; il les accepte, il part seul, sans troupes, sans maison; il est accueilli, reconnu, et dès lors devient l'héritier de cette monarchie qui l'a voulu, qui n'a voulu que lui : telle est la question; elle est toute contraire à Naples : avénement imposé par la force, bientôt, il est vrai, sanctionné par l'estime et l'admiration, mais que pourrait seule maintenir la force créatrice? Le prince royal de Suède n'a rien à craindre des indigènes, et, par suite, des étrangers; ici, au contraire, le volcan populaire n'est pas moins redoutable que le Vésuve, votre foudroyant voisin.

La reine ne me répondit pas; elle essuyait ses larmes...... On annonça le roi que l'on avait instruit de mon arrivée et de ma présence chez la reine. Dans l'impatience de me voir, il n'avait pu attendre que je lui fusse présenté.

— L'empereur, me dit-il tout d'abord, vous a-t-il défendu de me parler? suis-je déjà mis au ban de l'empire? Qu'il y prenne garde! je me défendrai; d'ailleurs je ne suis pas sans appui.

— L'empereur, répliquai-je, voit avec une douleur profonde le roi de Naples, son frère, son ami, l'abandonner dans les circonstances actuelles et se tromper, comme le fait Votre Majesté, sur ses véritables intérêts.

— Monsieur, pour avoir été élevé par l'empereur au rang des monarques, sommes-nous donc devenus des esclaves? devons-nous sacrifier aveuglément les intérêts de nos enfans, de nos proches? et, parce qu'il plaît à l'empereur de n'accepter la paix à aucun prix, devons-nous nous précipiter dans le gouffre où il se jette, sans aucune chance de le sauver?

— Non pas, dit la reine; mais voilà le comte de *** qui prétend que les promesses qui te sont faites sont autant de piéges où tu te laisserais prendre.

— J'espère qu'il sera trompé, dit Murat avec une expression mélancolique; puis, s'approchant et prenant ma main dans les siennes : Comte, je suis bien malheureux! je donnerais ma vie pour l'empereur et la France, et je vais jouer le rôle de Moreau.

— Mon ami, dit la reine avec peine, tu t'aveugles.

— Je vois clair ; j'entends les reproches qu'on me prodiguera, déjà même je peux les ouïr. Les officiers français à mon service ne m'épargnent pas ; j'ai eu ce matin une scène très-vive avec la Vauguyon. Je cherchais à le retenir, je lui parlais du fond de mon cœur ; il m'a répondu en héros sans peur, sans reproches : cette noblesse française a des sentimens.... Il a brisé mon ame et il me quitte.

— Il part ! s'écria la reine.

— Oui, et tous les autres avec lui ; Mosbourg, Daure, jusqu'à Baudus ; mes enfans seront désespérés.... — S'adressant à moi : Connaissez-vous Baudus : c'est un sage, un vrai philosophe, savant, religieux, l'un et l'autre sans forfanterie. Napoléon se méfiait de lui, et il abandonne le préceptorat de nos enfans, une carrière assurée, brillante, pour retourner en France, sans fortune ; Mon Dieu ! que va devenir tout cela !...

Il cacha son visage dans ses mains ; j'essayai

de le consoler, de le ramener à des sentimens dont il était si près. Il secoua la tête.

— Mon cher ami, ne me parlez plus; la flèche est lancée. J'ai cessé de m'appartenir : j'entre dans la coalition des rois; à ce prix on me garantit mon trône.

— Et vous contribuerez à la perte de l'empereur!.... dis-je en levant les yeux au ciel.

— Non, non! pourquoi me charger de cette responsabilité pénible? je suis hors d'état de lui nuire. Si Eugène le voulait, nous nous entendrions pour lui conserver l'Italie; mais il se cabre à la moindre ouverture. Il se perdra sans fruit.

— Il est de ceux qui croient à la force du faisceau scythe.

— Oui, quand le faisceau n'a pas été entamé, mais voyez Louis abandonnant la Hollande; l'empereur d'Autriche se déclarant contre sa fille; les rois de Bavière et de Wurtemberg, suivant son exemple. Le faisceau est rompu parce qu'il est disjoint : que peuvent alors les baguettes isolées?

Il me montra la lettre qu'il avait écrite à Elisa, lettre que je rapporterai plus loin; puis il me dit : — Elle vient aussi de se détacher de la cause de son frère; sa défection prouvera que l'heure est venue où chacun a le droit de retirer son épingle du jeu.

— Sire, je doute que le moment soit propice à cette manœuvre; ceux qui la tenteront seront les premiers punis.

La conversation se prolongea; nous la maintînmes dans le même cercle d'idées et toujours infructueusement. Je pris congé, non pour partir, mais pour aller me reposer.

La princesse Élisa avait écrit à son beau-frère pour le prier de venir au secours de la Toscane; il avait répondu par la lettre qui suit et dont je n'ai pas eu seul une copie; le sénateur comte de P..... en ayant rapporté une autre en France.

« Madame ma sœur, vous ne devez pas dou-
« ter que je ne fasse avancer les troupes de

« mon royaume, pour occuper les départemens
« de Rome, du Trasimène, et même ceux de la
« Toscane; *j'ai promis de les conserver et de les*
« *garantir à qui de droit.* Soyez tranquille, je sau-
« rai vous traiter en bon frère; sur ce, Madame
« et chère sœur, je prie Dieu qu'il vous ait en
« sa sainte et digne garde, etc. »

C'était s'expliquer clairement, quoique en termes ambigus. Élisa, poussée à bout et inspirée par le funeste *primò mihi*, assembla secrètement un conseil privé où elle admit M. de Lagarde, les deux Lucchesini, un général dont le nom m'échappe, les ministres lucquois, auxquels, malgré leur conduite lors de l'attaque anglaise, on n'avait fait aucun reproche. La grande-duchesse exposa l'état des choses; elle montra combien sa situation était précaire, l'absence de tous secours, point d'armée française; celle de Naples aux portes de Florence, la Méditerranée couverte de voiles ennemies, le général autrichien, baron Bianchi, maître en partie du littoral de l'Adriatique. Ainsi les ennemis formaient un cercle formidable; que fallait-il faire, quel mesure prendre? quelle voie de salut s'ouvrir?

La question était de la plus haute gravité. On prétend que M. de Lagarde la discuta d'une manière très-bizarre; il se mit à faire de la police, montra l'empereur comme ayant refoulé les coalisés en Pologne, dans le temps qu'ils pénétraient en France, affirmant que l'Italie était déjà inondée de soldats français. Toutes ces fictions absurdes causèrent de l'impatience et du dépit. On souffla dessus, elles disparurent; le directeur-général de la police ne s'en crut pas moins un homme d'État.

Les diverses opinions soutenues avec chaleur n'amenèrent aucun résultat; on se sépara sans avoir rien conclu, ou plutôt la princesse voulut se réserver le droit de décider la chose *in petto*. Cela ne tarda pas; tandis que le prince Bacciochi s'en allait à la chasse, tandis que M. de Lagarde rédigeait un acte d'accusation contre le conseil de la princesse, celle-ci, retirée dans son cabinet avec les deux Lucchesini, se détermina, d'après leur avis, à se ranger du parti de la coalition.

C'était venir un peu tard; plus tôt, selon toute probabilité, cette coopération aurait été acceptée, et peut-être la république de Lucques, moins Piombino et l'île d'Elbe, qu'elle demandait en entier, aurait été cédée à la grande-duchesse; mais au moment où elle franchit le fossé, on n'avait plus besoin d'elle; l'accession bien autrement importante du roi de Naples assurait l'Italie à la ligue européenne; le concours d'Élisa devenait sans valeur. Il en résulta que l'Autriche et les autres puissances ne ratifièrent pas le traité conclu entre cette princesse et un plénipotentiaire anglais.

En attendant que le châtiment l'atteignît, voici en quels termes la coupable Élisa écrivit à son bienfaiteur, à son frère, pour lui annoncer sa défection, trait d'ingratitude auquel il fut vivement sensible; car il aimait sincèrement sa famille, et certes il le lui a bien prouvé.

« Sire,

« C'est le cœur navré de douleur que je m'a-

« dresse à Votre Majesté. Combien il m'est af-
« freux de vous avouer que je ne puis plus dé-
« fendre le grand-duché dont votre tendresse
« m'avait confié l'administration. Environnée
« d'ennemis puissans, menacée par terre et par
« mer, trahie par le roi de Naples qui déserte
« votre cause, je reste seule au milieu des ar-
« mées nombreuses assemblées contre nous ; je
« suis sans argent, sans troupes, sans munitions;
« dans cette circonstance désespérée, que puis-je
« faire pour Votre Majesté? Ne pensera-t-elle pas
« qu'il est temps que je songe à mes intérêts
« particuliers, que je conserve à ma famille les
« États que je lui dois? me jugerez-vous enfin
« coupable d'avoir traité avec vos ennemis dans
« ce concours de circonstances plus malheu-
« reuses les unes que les autres? Vous m'enten-
« driez tenir un autre langage si vous aviez mis
« la couronne de Naples sur ma tête ; je n'aurais
« pas trahi la cause de la nation à laquelle je me
« fais gloire d'appartenir.

« Pardonnez-moi donc de plier sous le joug
« d'une nécessité impérieuse, et croyez que,

« dans la situation où je me trouverai, je
« n'en serai pas moins votre sœur et votre su-
« jette, etc., etc. »

Malgré mes précautions pour ne me point mettre en évidence, les Français instruits de mon arrivée, trouvant étrange que je choisisse pour faire un voyage d'agrément une époque aussi critique, démêlèrent le motif de mon excursion en Italie; comme d'ailleurs d'autres mandataires avaient déjà paru, on me rangea dans leur catégorie. Le sage M. Baudus, comme l'appelait le roi, vint me voir; je le reçus avec tous les égards dus à son caractère. Il voyait comme moi, il apercevait le précipice vers lequel le roi courait : il déplora son aveuglement.

— Quant à moi, dit-il, je renonce à tous les avantages de ma position; je veux demeurer Français. Je quitte mes élèves avec un vif chagrin; mais, Monsieur, la patrie avant tout. La reine est bien malheureuse, la volonté de son mari l'entraîne; elle voudrait bien rester fidèle : le roi s'y oppose, et il fait tout.

— J'aime, lui dis-je, à vous entendre tenir ce langage, il me retire de mon erreur : je me figurais au contraire que la reine entretenait le roi dans la rebellion.

— Elle est sans crédit; par vanité, et pour qu'on ne le voie point, elle fait parfois de l'exagération; mais, au fond, croyez qu'elle est toute française.

M. Baudus me donna tous les détails de l'intrigue qui nous enlevait Murat; les Anglais, avec une adresse incroyable, et surtout par le moyen de leur argent, parvenaient à tout. Nous étions vaincus par eux dans cette arène de machinations. Enfin, j'en appris assez pour n'avoir pas besoin de prolonger davantage mon séjour à Naples; je voyais d'ailleurs les événemens se précipiter, et j'avais hâte de rentrer en France.

Le lendemain, je retournai au palais. Je trouvai le roi vivement ému; M. de la Vauguyon venait de le quitter : il partait pour Paris. En prenant congé du roi, il lui fit entendre ces paroles hardies dictées par un pur patriotisme:

— *Sire, vous allez marcher contre la France ; ne craignez-vous pas que, du même canon qui a tué Moreau, il ne parte un autre boulet qui punisse une seconde défection?*

Le roi voyait avec une douleur et une irritation extrêmes la résolution unanime des Français.

— Je vais rester seul, me dit-il, que deviendrai-je? et vous aussi, vous avez hâte de me quitter?

— Sire, répondis-je, sujet de Napoléon, ma place est près de lui.

— Les Bourbons vous connaissent.

— Je les ai oubliés.

— Mais s'ils vous rappelaient?

— Je suivrai la fortune de la patrie, mais je ne servirai jamais d'autre maître que l'empereur. Quand on a de la fortune, on ne doit prêter qu'un serment : les autres sont coupables et déshonorent à jamais.

— Vos principes sont sévères, Monsieur. Dites à l'empereur que je cède à la nécessité, mais qu'en me séparant de lui ostensiblement, il peut néanmoins compter sur moi comme sur son plus fidèle ami. Allez voir la reine, elle vous donnera des lettres; quant à moi je n'écris pas, je ne pourrais que l'exaspérer, que lui déplaire, et Dieu sait que, si je me rallie à la coalition, je suis contraint par la force.

Il voulut me faire accepter un camée antique trouvé à Pompéïa, et entouré de brillans modernes; je le priai de ne pas s'offenser de mon refus : il me paraissait convenable de ne rien accepter d'un souverain qui déclarait la guerre à mon prince.

— Je ne la lui déclare pas.

Je m'inclinai, et persistai; il insista poliment, puis il céda.

La reine, que je vis, était dans le même état que la première fois; elle sanglotait. Elle me conjura de la défendre auprès de l'empereur, de lui bien dire qu'elle avait fait l'impossible, et sans succès; que son mari était circonvenu par le prince Pignatelli, ministre secrétaire d'État, qui le poussait dans une fausse voie.

Elle me donna une lettre pour l'empereur, une pour l'impératrice, une pour madame-mère, une autre pour le roi de Westphalie. Déjà on ne savait comment communiquer avec l'Allemagne : une seule route était libre; celle de la Toscane, du côté de la Méditerranée. Le baron, général Bianchi, interceptait celle de Bologne, et couvrait les côtes de l'Adriatique. Le roi sut qu'à Rome, le colonel Gesner, qui quittait son service, s'était rendu dans un café où se trouvait un grand nombre d'officiers de l'armée napolitaine; là, en leur présence, il détacha ses épaulettes et cria :

— Signori, qui en veut? à cinq *baïoque* les épaulettes napolitaines.

Aucun militaire parthénopéien ne se leva pour prendre la défense de l'honneur national, pendant les cinq jours que le brave et bouillant *Gesner* passa encore à Rome.

Le roi Murat, furieux de cette insulte, dit publiquement que partout où il rencontrerait ce colonel français, il le forcerait à tirer l'épée avec lui..... Je lui apprendrai que le métier de roi ne m'a pas fait oublier celui de soldat.

Cependant, au fond de l'ame, il gémissait de la lâcheté de ceux qui dorénavant formeraient toute sa défense.

Le 31 décembre, n'ayant plus rien à faire à Naples dont, dans ma douleur, je n'eus pas le loisir d'admirer une seconde fois les merveilles, je me mis en route.

Le 3 janvier, le roi parut au théâtre de Saint-Charles, avec les négociateurs anglais, dans sa loge, démonstration qui excita les transports furieux de la populace, de la bourgeoisie et de la noblesse surtout.

Le 11, on publia un traité d'alliance entre LL. MM. l'empereur d'Autriche et le roi de Naples.

Le 16, le *Moniteur Napolitain* annonça publiquement que la politique du cabinet de cette nation était changée. Le roi disait :

« De justes raisons nous ont forcé de deman-
« der une alliance aux puissances coalisées
« contre l'empereur des Français, et nous avons
« eu le bonheur d'être admis parmi elles ; nous
« avons cédé notre flotte et les trois îles qui
« sont devant Naples. (Capraia, Procida, Is-
« chia.) »

« Les puissances coalisées nous ont promis
« de nous indemniser d'une manière éclatante
« des sacrifices que nous faisons ; nous nous
« rappellerons toujours nos devoirs. Les auto-
« rités qui n'opposeront aucune résistance à nos
« mesures ne doivent conserver aucune crainte ;
« elles seront traitées avec égard ; nous allons
« nous mettre en possession de toute l'Italie
« méridionale, située sur la rive droite du Pô,
« pour la garder en nos mains, et la rendre, à
« la paix générale, à qui de droit. »

Ainsi le masque fut levé et la trahison consommée. Murat porta le coup décisif à Napoléon, puisqu'il le perdit dans l'opinion morale qui ne douta plus de la chute d'un homme que ses parens abandonnaient; du moins le châtiment de Murat fut retardé; celui de la grande duchesse fut prompt. Elle voulut négocier, on éluda; les troupes napolitaines entrèrent à Florence, elle en partit indignement outragée par la populace; bientôt même on l'arracha de Lucques, on lui enleva une nouvelle partie de son trésor, de son argenterie, de ses objets précieux, et, avec ce qu'on lui laissa, elle obtint de lord Beutinck de passer dans l'île de Corse. De là, avec sa famille, elle débarqua en Provence, chercha un asile précaire à Montpellier où s'élevait le tombeau de son père, Charles Bonaparte. Là, elle dut assister aux derniers actes de l'empereur, et de nouveau la plèbe l'insulta cruellement. Il lui fallut sortir de France pour errer en Italie.

Je revis en passant Miollis. Il était véritablement embarrassé de sa personne; il attendait à chaque instant son ordre de retraite. Notre agonie se prolongea dans la Toscane et la Romagne jusqu'à la fin de janvier et au commencement de février.

La route supérieure, ai-je dit, était coupée; je dus prendre par Livourne; une felouque qui naviguait le long des côtes me sauva du péril de tomber au pouvoir des Anglais. Deux nuits et un jour me transportèrent à la vue de Gênes où j'entrai le 10 janvier, car je n'avais pas perdu de temps. Je voulais me mettre en marche pour me trouver à Nice, et on me conseilla d'attendre une felouque en partance pour le 14. Je me soumis à ce retard.

Le temps me fut abrégé par la fréquentation du lieutenant-général baron de Montchoisy, commandant en chef, et du sous-préfet, M. de Croses, auditeur au conseil d'État. Les Génois adoraient le premier; ses qualités, ses vertus, sa bonté, lui avaient gagné tous les cœurs : ils le lui prouvèrent en 1814, et ils ont élevé un monument à son souvenir.

M. de Croses, beaucoup plus jeune, gracieux, spirituel, obligeant, avait aussi sa part de l'affection des patriciens et du peuple; homme de cabinet et de bonne compagnie, il a depuis servi honorablement son pays [1].

Gênes, cité de féerie et de surprises, me charma comme si je l'eusse vue pour la première fois. On va dans ses murs et dans sa campagne d'admiration en admiration; on se croit dans un pays de prestiges, et la douceur du climat complète le charme d'une réalité si délicieuse, qu'on craint toujours qu'elle ne soit qu'une fiction.

Le 14, je partis, laissant Gênes dans l'inquiétude; on espérait l'indépendance du pays; on était loin de se douter que ce ne serait que pour devenir une province piémontaise, que l'on cesserait d'être Français. Le Ciel voulait me dédommager de mes chagrins politiques. Je quittai Gênes vers midi. Le lendemain, à trois heures de nuit, nous étions vers le port de Nice, ayant fait quatre-vingts lieues dans ce court espace de temps; il nous fallut attendre le point du jour, et *la Santé* nous arrêta encore quelque temps.

[1] Nommé préfet en Corse, il donna sa démission en 1830. C'est un administrateur qui ne croit pas la probité indépendante de la politique.

Rien ne me retenait dans cette triste ville où tant d'étrangers abondent et où l'ennui a bâti son palais. Je n'y demeurai que le temps nécessaire pour déjeuner et changer de linge, et, à dix heures du matin, ma voiture m'ayant suivi, je traversai le Var; alors je me trouvai sur la terre sacrée de France.

Je me dirigeai rapidement vers Paris. Au milieu de montagnes agrestes, je vis celle de la Victoire, lieu célèbre où Marius défit les Teutons et les Cimbres. Je vis Saint-Maximin avec sa belle église gothique; j'atteignis Aix, et alors, remontant la route parallèle au Rhône, je traversai Avignon, Orange, Montélimart, Valence, Vienne, où se trouvent tant de monumens romains, et Lyon.

L'effroi, la douleur, régnaient partout depuis le 13 décembre. Le sol de la France était souillé; les ennemis y menaçaient notre indépendance. Le hasard me mit en rapport avec le maréchal Augereau qui, sitôt après, devait trahir son souverain. Dans ce moment, dissimulant sa haine, il ne me parla que de son enthousiasme. La conduite de Murat lui faisait horreur, et il me pria d'assurer Napoléon que certainement il serait le dernier à poser les armes.

—L'empereur, me dit-il, est notre chef de file; malheur à qui l'abandonnera! il aura causé sa propre perte.

Charmé de porter à sa majesté une telle assurance, je m'acheminai vers Paris, prenant cette fois, par fantaisie, la route de la Bourgogne. J'allai de Châlons à Autun, de là à Auxerre, Sens, Montereau, Joigny. Ce fut par Villeneuve-le-Roi et Montgeron que je rentrai dans Paris, après un voyage pénible et rapide, le 21 janvier 1814, jour de sainte et douloureuse mémoire!

CHAPITRE VI.

De grands événemens avaient eu lieu pendant mon absence : la victoire, infidèle comme la fortune, ayant abandonné les drapeaux français, conduisait les coalisés à travers la Suisse, traître à sa neutralité, sur notre sol sacré.

Dans cette position fatale, l'empereur s'empressa de convoquer le corps législatif; il voulait, en s'appuyant sur les députés de la nation, montrer à l'Europe qu'elle et lui étaient en bon accord. Son discours d'ouverture est trop remarquable dans sa brièveté pour que je ne le rappelle pas au lecteur. On se plaît toujours à entendre les accens de cette éloquence solennelle et majestueuse dont Napoléon seul a possédé le secret.

« Sénateurs, conseillers d'État, députés des
« départemens au corps législatif,

« D'éclatantes victoires ont illustré les armées
« françaises; dans cette campagne, des défec-
« tions ont rendu nos victoires inutiles; tout a
« tourné contre nous : la France même serait
« en danger sans l'énergie et l'union des Fran-
« çais.

« Dans ces grandes circonstances, ma pre-
« mière pensée a été de vous appeler près de
« moi; mon cœur a besoin de la présence et de
« l'affection de mes sujets.

« Je n'ai jamais été séduit par la prospérité ;
« l'adversité me trouverait au dessus de ses at-
« teintes.

« J'ai plus d'une fois donné la paix aux na-
« tions quand elles avaient tout perdu ; d'une
« part de mes conquêtes, j'ai élevé des trônes
« pour des rois qui m'ont abandonné.

« J'avais conçu et exécuté de grands desseins
« pour la prospérité du monde. Monarque et père,
« je sens ce que la paix ajoute à la sécurité des
« États et à celle des familles. Des négociations
« ont été entamées avec les puissances coalisées.
« J'ai adhéré aux bases préliminaires qu'elles ont
« présentées. Nous avions l'espoir qu'avant l'ou-
« verture de cette session, le congrès de Maheim
« serait réuni ; mais de nouveaux retards, qui ne
« sont pas attribués à la France, ont différé ce
« moment que presse le vœu du monde.

« J'ai ordonné qu'on vous communiquât toutes
« les pièces originales qui se trouvent au dépar-
« tement des affaires étrangères. Vous en pren-
« drez connaissance par l'intermédiaire d'une
« commission. Les orateurs de mon conseil vous
« feront connaître ma volonté sur cet objet.

« Rien ne s'oppose de ma part au rétablisse-

« ment de la paix. Je connais et je partage tous
« les sentimens des Français. Je dis des Français
« parce qu'il n'en est aucun qui désire la paix
« au prix de l'honneur.

« C'est à regret que je demande à ce peuple
« généreux de nouveaux sacrifices; mais ils sont
« commandés par ses plus nobles, ses plus chers
« intérêts. J'ai dû renforcer mes armées par de
« nombreuses levées. Les nations ne traitent avec
« sécurité qu'en déployant toutes leurs forces.
« Un accroissement dans les recettes devient in-
« dispensable; ce que mon ministre des finances
« vous proposera est conforme au système des
« finances que j'ai établi; nous ferons face à tout
« sans emprunt qui consomme l'avenir, et sans
« papier monnaie qui est le plus grand ennemi
« de l'ordre social.

« Je suis satisfait des sentimens que m'ont
« montrés dans cette circonstance mes peuples
« d'Italie.

« Le Danemarck et Naples sont seuls restés
fidèles à mon alliance [1].

[1] Ils le furent bien peu de temps.

« La république des États-Unis continue avec
« succès la guerre contre l'Angleterre.

« J'ai reconnu la neutralité des dix-neuf can-
« tons suisses.

« Sénateurs, conseillers d'État, députés des
« départemens au corps législatif,

« Vous êtes les organes de ce trône; c'est à
« vous de donner l'exemple d'une énergie qui re-
« commande notre génération aux générations
« futures. Qu'elles ne disent pas de nous : *Ils
« ont sacrifié les premiers intérêts du pays ; ils ont
« reconnu les lois que l'Angleterre a cherché en
« vain, pendant quatre siècles, à imposer à la
« France.*

« Mes peuples ne peuvent pas craindre que
« leur empereur trahisse jamais la gloire natio-
« nale. De mon côté, j'ai la confiance que les
« Français seront constamment dignes d'eux et
« de moi. »

En conséquence de ces dignes paroles, les
documens annoncés furent remis au corps

législatif ; un décret impérial fixa le mode de la nomination des cinq membres de la commission et détermina que le président du corps législatif, nommé par l'empereur, contrairement à la constitution, présiderait également la commission. Le scrutin proclama commissaires MM. Lainé, Raynouard, Gallois, Flaugergues et Maine de Biran.

La commission ne perdit pas de temps pour s'installer; et, dès ses premiers travaux, on reconnut qu'elle serait hostile au souverain dont, pour la première fois, la cause fut séparée de celle de la France. Le rapporteur, M. Lainé, osa dire dans son rapport.

« On ne veut pas nous humilier, on veut seulement nous renfermer dans nos limites et réprimer l'élan d'une activité ambitieuse, si fatale depuis vingt ans à tous les peuples de l'Europe. De telles propositions nous paraissent honorables pour la nation, puisqu'elles prouvent que l'étranger nous craint et nous respecte. Ce n'est pas lui qui assigne des bornes à notre puissance, c'est le monde effrayé qui invoque le droit commun des nations. Les Pyrénées, le Rhin et les Alpes, renferment un vaste territoire dont plusieurs provinces ne relevaient pas de l'empire des lis, et cependant la couronne de France était brillante de gloire et de majesté entre tous les diadèmes.

— Orateur, s'écria le duc de Massa, président, effrayé de ces paroles étranges, ce que vous dites là est inconstitutionnel !

— Il n'y a ici d'inconstitutionnel que votre présence, repartit M. Lainé qui, se sentant fort de l'assentiment de ses autres collègues, termina en traçant un tableau très-exagéré des maux et de la tyrannie dont étaient accablées les villes anséatiques, l'ex-royaume de Hollande, et les Pays-Bas.

Ce rapport, porté au corps législatif, fut adopté à une majorité de deux cent vingt-trois voix, contre trente et une. L'adresse adoptée séparait la nation de l'empereur, demandait des garanties politiques qui engageassent la nation à rendre la guerre nationale. On reprochait à Napoléon son despotisme; enfin c'était un acte qui touchait la question, et qui en définitif proclamait le principe insurrectionnel.

L'empereur y répondit, non par *la dissolution* du corps législatif, comme on l'a trop dit, mais par *l'ajournement* motivé sur ce qu'au 1er janvier 1814, les trois cinquièmes des députés seraient sans droit, le temps de leur mandat étant expiré. Un décret impérial fixa le budget de 1814 au taux de celui de 1813.

En même temps, des commissaires extraordinaires furent envoyés dans chaque division militaire non occupée par l'ennemi; ce furent: à Mezières, le comte de Beurnonville; à Metz, Chasset; à Nancy, Colchen; à Strasbourg, Rœderer; à Besançon, de Valence; à Grenoble, Saint Vallier; tous membres du sénat-conservateur; à Toulon, le vice-amiral Gantheaume, conseiller d'État; à Montpellier, le comte Pelet de la Lozère conseiller d'État; à Toulouse, Caffarelly (Joseph), conseiller d'État; à Bordeaux, le comte Garnier, sénateur; à la Rochelle, Boissy-d'Anglas; à Rennes, Cauclaux; à Caen, Latour-Maubourg;

à Rouen, Montesquiou ; à Lille, Villemauzy; à Dijon, Ségur ; à Lyon, Chaptal ; à Périgueux, de l'Apparent ; à Bourges, de Sémonville ; à Tours, Lecoulteux ; à Bruxelles, Pontecoulant; à Liége, Peluse; tous comtes et sénateurs.

Le 1er janvier, le corps législatif ayant été admis en présence de l'empereur, sa majesté lui adressa des paroles vives et incisives, prononcées avec un accent qui fit trembler le plus brave.

« Députés, je vous ai fait appeler autour de
« moi pour faire le bien : vous avez fait le mal ;
« vous avez parmi vous des agens dévoués à l'An-
« gleterre, à l'étranger, qui correspondent avec le
« prince régent par l'entremise de l'avocat de
« Sèze. Les onze douzièmes parmi vous sont bons,
« les autres sont factieux. Retournez dans vos dé-
« partemens ; je suivrai de l'œil ceux qui ont de
« mauvaises intentions. Vous avez cherché à
« m'humilier; je suis un homme qu'on peut tuer,
« mais qu'on ne saurait déshonorer. Quel est celui
« d'entre vous qui pourrait supporter le fardeau

« du pouvoir... Qu'est-ce que le trône ?.... quatre
« morceaux de bois doré, recouverts de velours...
« c'est celui qui s'assied dessus qui en fait la va-
« leur. Et moi aussi je suis sorti du peuple. Je sais
« qu'il y a des abus, et jamais je n'ai souffert ceux
« que j'ai connus...... M. Raynouard a dit que
« Massena avait volé la Bastide à Marseille :
« il a menti ; le maréchal a pris possession d'une
« maison vacante ; le ministre fera indemniser
« le propriétaire...... Humilie-t-on ainsi un maré-
« chal de France !...... Je vous avais indiqué un
« comité secret : c'était là qu'il fallait porter vos
« doléances ; c'était en famille qu'il fallait laver
« notre linge et non pas sous les yeux du public....
« J'ai été appelé deux fois au trône par le vœu
« de vingt-quatre millions de Français.........
« Qu'êtes-vous dans la constitution ?....... Vous
« n'êtes rien..... c'est l'empereur qui est dans la
« constitution ; tout est dans l'empereur........
« Dans quatre mois nous aurons la paix ; les
« ennemis seront chassés.... ou je serai mort.....
« j'avais besoin de consolation, vous m'avez ré-
« pondu avec haine...... Retournez dans vos dé-
« partemens. Je ferai quelque jour imprimer le

« rapport de votre commission, et il sera jugé ce
« qu'il est......... Je ferai nommer les députés des
« séries qui manquent et je réunirai le corps
« législatif....... Les habitans de l'Alsace et de la
« Franche-Comté ont un meilleur esprit que
« vous; ils me demandent des armes, je leur en
« envoie...... Quand il faut combattre, vous dis-
« putez sur les intérêts, sur les libertés indivi-
« duelles. Sauvons la patrie! qu'elle redevienne
« grande, forte, honorée; alors, je serai le pre-
« mier à vous accorder plus que vous deman-
« dez.... Lainé est un mauvais citoyen; ses quatre
« collègues sont des factieux ; je le sais. Je le sup-
« porte, parce que je les méprise, et, tant que la
« France voudra de moi, je braverai cette rage
« impuissante ; je suis plus citoyen qu'eux, car je
« défends la patrie. Imitez-moi, et nous la sau-
« verons, et nous aurons droit à sa reconnais-
« sance. »

Cette version est due à la mémoire de mon
collègue, le comte d'A... Il m'a dit, en me la
donnant : — J'étais derrière l'empereur, quand
il prononça ce discours; je n'en perdis pas un

mot, et, avant que d'être sorti des Tuileries, je l'avais transcrit sur mes tablettes.

Le sénat vint à son tour. Ici le langage changea parce que le discours était préparé; il n'en fut pas moins sublime.

« Sénateurs, je suis sensible aux sentimens « que vous m'exprimez.

« Vous avez vu les pièces que je vous ai fait « communiquer, ce que je fais pour la paix ; « les sacrifices que comportent les bases préli- « minaires que m'ont proposées les étrangers, et « que j'ai remplies, je les ferai sans regret. « Ma vie n'a qu'un but, le bonheur des Fran- « çais.

« Cependant, le Béarn, le Brabant, l'Alsace, « la Franche-Comté, sont entamés ; les cris de « cette partie de ma famille me déchirent l'ame. « J'appelle les Français au secours des Français ; « j'appelle le Français de Paris, de la Bretagne, « de la Normandie, de la Champagne, de la « Bourgogne, du Languedoc, de la Provence « et des autres départemens au secours de leurs

« frères. Les abandonnerons-nous dans leur
« malheur? Paix et délivrance de notre terri-
« toire doit être notre cri de ralliement. A l'aspect
« de tout ce peuple en armes, l'étranger fuira ;
« on signera la paix sur les bases qu'il a lui-
« même proposées ; il n'est plus question de
« recouvrer les conquêtes que nous avons faites,
« ce serait tenter Dieu qui s'est retiré de nous. »

Ces mots sublimes transportèrent d'enthousiasme ceux qui les entendirent. Ah ! si la France eût assisté à cette allocution, elle eût couru aux armes, et nous étions sauvés.

Dès mon arrivée, je fis demander une audience ; elle me fut accordée sur-le-champ.

— Je sais, me dit l'empereur, les mauvaises nouvelles que vous m'apportez ; ma sœur et mon beau-frère me trahissent : je laisse aux coalisés le soin de ma vengeance. Vous avez trouvé dans le vice-roi d'Italie un homme des temps héroïques : c'est un Duguesclin, un Bayard. Je l'ai maltraité ; si Dieu m'est en aide, je réparerai le tort que je lui ai fait. Quant aux autres, je les abandonnerai aux étrangers. Vous arrivez au moment où je vais partir; je vous remercie: c'est une récompense que vous méritez.

Si l'on pouvait se faire une idée de la manière dont l'empereur prononça ces mots: « Je vous remercie, » on concevrait l'empire qu'il exerçait sur nous et ma vive reconnaissance. Après m'avoir prodigué des témoignages de sa satisfaction, il me questionna sur l'Italie, sur son esprit, sur les princesses Élisa et Caroline, sur la vice-reine, sur Murat, sur Miollis: il approuva la conduite de MM. de la Vauguyon, Baudus, Mosbourg, Daure, et me congédia.

Je me trouvai dépaysé. La pensée que la France était entamée, que l'on combattait à peu de distance de Paris, me mettait hors de moi. Mes collègues, inquiets de leur avenir, cherchaient des prétextes pour s'enfoncer dans les provinces. L'égoïsme reparaissait. Le roi Joseph, chassé d'Espagne, était revenu à Paris; le roi de Westphalie combattait sur la frontière; tout annonçait la chute de ce grand système, et cependant on dansait à Paris, comme si la veille on eût gagné les batailles d'Austerlitz et d'Iéna.

C'était le samedi, 22 janvier, que j'avais eu mon audience; le lendemain, dimanche 23, fut un jour solennel. Le corps d'officiers de la garde nationale vint présenter ses hommages à l'empereur, et le remercier de la réorganisation de cette milice citoyenne destinée à rendre des services si éminens. Plus de huit cents d'entre eux étaient présens.

Au retour de la messe et dans la galerie de Diane, comme le lieu le plus vaste du château des Tuileries, ces officiers se formèrent en double cercle. L'empereur, donnant la main à Marie-Louise qui portait dans ses bras le roi de Rome, leur dit :

« Messieurs, la France est envahie; je vais partir pour la défendre, pour préserver Paris des mille malheurs de la conquête. Je serais inquiet pour ce qui m'est cher, si je ne le laissais au milieu de vous; vous veillerez à sa conservation et à sa défense.

« Messieurs, entre vous et moi, l'intérêt est commun ; nous sommes Français ! Aussi je ne vous recommande pas votre devoir ; vous le ferez comme je vais faire le mien.

« Je laisse ma femme investie de la régence ; vous lui obéirez comme à moi. Je vous laisse mon fils en gage de ma confiance..... vous ne la tromperez point...... Mes braves soldats m'attendent ; je cours avec eux conquérir la paix, cette paix que nous n'obtiendrons qu'après la victoire..... L'ennemi une fois chassé de nos frontières, je m'arrête et je négocie, car je veux la paix, croyez-le bien. »

Ces mots, prononcés d'une voix ferme et émue, furent écoutés avec attendrissement et satisfaction. Des cris s'élevèrent : *Vive l'empereur ! Vive l'impératrice ! Vive le roi de Rome !*

L'auguste enfant souriait, tendant ses mains enfantines vers ses derniers défenseurs qui du moins ne le trahirent pas. La conduite de la garde nationale, aux dernières journées du mois de mars suivant, fut honorable et glorieuse ;

l'empire serait debout si l'impératrice, si les grands dignitaires, si les ducs Augereau, Marmont, et...... les autres maréchaux, les généraux en chef avaient eu la même énergie et la même fidélité.

Quant à moi qui assistais à cette allocution solennelle, je sentais mon cœur se briser et tout mon être s'anéantir. Les regards de l'empereur se portèrent sur moi ; il vit mon émotion et mes yeux remplis de larmes. Il daigna me sourire avec bonté, et il fit un geste pour me recommander le courage ; je n'en avais pas, je me mourais de désespoir : les pressentimens les plus sinistres m'assiégeaient, car je n'étais pas dupe d'une illusion.

Ce fut la dernière marque de bienveillance que je reçus de ce maître excellent ; je me reculai pour ne pas faire une scène. Les groupes d'officiers de la garde nationale l'enveloppèrent en le ramenant dans son cabinet ; je le perdis de vue, et je ne le vis plus qu'à Fontainebleau.

Le même soir il s'en alla coucher à Saint-

Cloud d'où il partit le 25 janvier, laissant par acte authentique la régence à l'impératrice; quelques jours après, il nomma le roi d'Espagne, son frère, son lieutenant-général. Je ne sais pourquoi, dès ce moment, je me montrai moins aux Tuileries. Un fait que je puis affirmer m'inspira des soupçons sur la loyauté de Marie-Louise.

J'avais un ami qui logeait dans le Marais; je le voyais fréquemment : de violentes attaques de goutte ne lui permettaient pas de sortir. Dans les premiers jours de février, il me dit qu'un seigneur allemand, qui ne sortait que de nuit, était depuis une semaine logé dans la même maison que lui, chez un négociant de Vienne : on le croyait à Paris pour traiter de la paix. Cette révélation me donna l'envie de voir ce personnage; elle fut satisfaite : je l'aperçus un jour à une fenêtre intérieure donnant sur la cour, où il prenait l'air. Dès que j'eus vu son visage, je le reconnus.

L'avant-veille, étant allé faire ma cour à l'impératrice, je l'avais rencontré au moment où je montais en voiture. Ayant pris sur son compte des informations, on me dit que c'était un marchand de curiosités de Nuremberg, qui voulait en présenter au roi de Rome. Je m'attachai à suivre cette intrigue ; elle continua mystérieusement. Le seigneur autrichien déguisé se maintint dans Paris jusqu'à la catastrophe ; alors il en partit précipitamment et arriva à Blois aussitôt que l'impératrice ; il en sortit la veille du jour où cette princesse abdiqua le grand nom de femme de Napoléon.

Ainsi, dès le départ de l'empereur, un agent ennemi put arriver à l'impératrice, la circonvenir et provoquer cette suite de fausses démarches dans lesquelles on ne l'arrêta pas. La trahison était déjà manifeste ; on ne s'en cachait plus : il ne me reste plus qu'à la montrer sous ses divers aspects.

Le roi Joseph m'envoya chercher ; je le vis abattu, mélancolique. Il me dit :

— Vous avez la confiance de l'empereur qui m'a dit de vous employer dans ce qui exigera du secret; on répand des bruits sinistres. Qu'est-ce que cette coalition de chambellans qui veulent cesser leur service?

— Jamais rien de pareil n'a eu lieu, répondis-je; on en a imposé à Votre Majesté.

— Le premier bruit m'en est venu de l'impératrice; elle en est alarmée. Elle dit que de toutes parts on se soulève, et que la commission, composée de MM. Lainé, Raynouard, Gallois, Flaurgues et Maine de Byran, va convoquer à Bordeaux le corps législatif pour procéder à la déchéance de l'empereur.

— Voilà certes, répondis-je, des nouvelles bien étranges, et qui le sont plus encore, venant de l'impératrice. Comment se fait-il que l'on inquiète sa majesté par de telles fables?

— Ah! M. le comte, reprit le roi, si vous saviez tout ce qu'on me rapporte, tout ce qui se passe autour de nous; je ne sais plus à qui entendre, que faire, que décider. Le prince de Bénévent nous joue; j'ai voulu donner à son sujet l'éveil au duc de Rovigo; celui-ci tremble à la pensée de s'en prendre à un si grand personnage. Voyez le prince, ayez l'air mécontent, il s'ouvrira peut-être à vous.

— Je lui ferai des visites; mais je ne saurais feindre; ma loyauté est toute en dehors.

— Je ne vous en estime que davantage, et je vous continuerai ma confiance. Venez me voir souvent, vous m'apprendrez ce que vous saurez.

Je quittai le roi, réfléchissant à tout ce qu'il m'avait dit, à cette persistance de l'impératrice à répandre des fausses nouvelles. Je me rappelai que j'avais laissé passer plusieurs jours sans aller rendre mes devoirs au prince archichancelier; l'envie de prendre le vent de ce côté m'y conduisit. En arrivant, le prince vint à moi avec empressement.

— Vous êtes un des nôtres, et déjà on les compte. Ah! Monsieur, qu'allons-nous devenir?

— L'infortune de l'empereur, dis-je, redouble ma fidélité à sa personne.

— L'empereur est perdu..... oui, perdu sans ressources, et par sa faute. Il a laissé passer à Dresde le seul moment où l'on ait voulu sincèrement négocier avec lui; maintenant on le joue, on le leure; les négociations ne réussiront pas. On veut sa chute, on veut la destruction de l'empire; des engagemens sont pris avec la maison de Bourbon. On autorise le duc d'Angoulême à suivre l'armée de lord Wellington, et à profiter des chances qu'il pourrait avoir. Le comte d'Artois est débarqué en Hollande, le 27 janvier; maintenant il se trouve avec les souverains coalisés. Je sais qu'en Angleterre, on donne publiquement au comte de Lille le titre de roi de France.

— Mais, Monseigneur, cela est impossible, l'empereur d'Autriche ne peut vouloir détrôner son fils. Les rois de Wurtemberg, de Bavière, de Naples, le prince héréditaire de Suède, consentiront-ils à la perte d'un homme auquel ils se sont liés et qui est leur bienfaiteur?

— La chose est faite, vous dis-je, et si l'empereur n'a pas le don des miracles, il est anéanti, et nous tous avec lui. Un agent secret de l'empereur d'Autriche est à Paris ; il a mission de détacher l'impératrice de ses devoirs de femme et de mère. Hé bien ! personne n'ose le faire arrêter.

Cette conclusion m'empêcha de dire ce que je savais là dessus.

— Quant à moi, poursuivit Cambacérès, je demeurerai fidèle à l'empereur autant que je le pourrai. La nation se prononcera. Si elle reste à sa majesté, j'y resterai avec elle ; si elle s'en sépare, je me mettrai à l'écart ; ma carrière sera finie, je ne tenterai pas de la recommencer, et Napoléon ne pourra me reprocher d'avoir servi sous une autre bannière que la sienne.

— Je vous imiterai, Monseigneur. Soumis à la volonté de la France, je ne ferai rien de contraire au vœu national ; mais, jouissant d'une aisance plus que suffisante, je ne rentrerai au service de qui que ce soit.

Je ne dirai rien de la campagne mémorable que soutint avec tant de gloire notre auguste empereur sur le sol de la France; il finit, comme il avait commencé, en se montrant le plus grand capitaine des temps modernes. Il remporta des victoires signalées; mais ses exploits, loin de le servir, hâtaient sa chute en lui enlevant des soldats qui ne pouvaient être remplacés. L'histoire conservera le souvenir des batailles de Champaubert, de Brienne, de Mont-Mirail, de Soissons, de Châlons, de Montereau, d'Arcis, de Bar-sur-Aube, de Reims, etc., etc.

Mais, je le répète, épuisé, et chaque jour voyant augmenter le nombre de ses ennemis, n'ayant pas voulu dégarnir toutes les places fortes que ses troupes occupaient depuis Dantzick jusqu'à Hambourg, en Hollande et en Belgique, il se priva de cent mille braves qui lui eussent servi à refouler les ennemis au delà du Rhin.

Je me rendis, sur ces entrefaites, chez le prince de Bénévent. Il avait une mine importante par sa solennité; à l'entendre, les circonstances étaient graves, périlleuses, fatales, c'était le cas de les méditer, de réfléchir. L'empereur ferait des prodiges, c'était le cas d'en faire; il triompherait sans doute; mais enfin il aurait à lutter contre de trop nombreux assaillans.

Je ne pus en tirer autre chose; il se méfiait de moi. J'y revins, il parla dans le même sens, et ce fut en vain que je tentai d'avoir de lui des paroles meilleures ou plus significatives. Il se maintint dans cette retenue jusqu'au 30 mars.

L'ordre vint de traiter avec le pape et avec don Ferdinand. Le pape se tenait sur la négative; il fallut lui rendre la liberté sans condition. Sa route fut tracée par Limoges, Toulouse, Narbonne, Montpellier, Aix, Fréjus, Antibes, Nice, la Corniche, Gênes, l'autre Corniche, Chiavari, d'où il se rendit d'abord à Bologne; les cardinaux rouges et habitant Paris, les noirs en exil, partirent à sa suite, et la délivrance du chef de l'Église et du sacré collége fut complète. N'eût-il pas mieux valu ne pas se charger de cette usurpation scandaleuse?

Ferdinand VII promit au contraire, et signa tout ce qu'on voulut, bien déterminé qu'il était à ne rien tenir des engagemens forcés que la violence faisait prendre. Accompagné de son frère don Carlos, de son oncle, don Antonio, il suivit le chemin tracé pour le pape, jusqu'à Narbonne où il tourna à droite, passa à Perpignan, et rentra enfin en Espagne.

Peu après son passage à Toulouse, le maréchal Soult, dont le génie stratégique se montra si admirable, fut contraint de se renfermer dans cette ville où le duc de Wellington vint l'assiéger. Le 10 avril, eut lieu le dernier glorieux combat pour l'armée française qui, composée au plus de dix-sept mille hommes, ne put être forcée, dans ses positions, par l'attaque de quatre-vingt mille ennemis. Le duc de Dalmatie ne les abandonna que le 12 avril, le surlendemain de cette fameuse journée, sans que les assaillans osassent l'inquiéter dans sa retraite. Jamais plus beau fait d'armes ne nous honorera. Nous eussions battu les coalisés, si le duc d'Albuféra avait voulu aider à la gloire de son camarade. La famille du maréchal Suchet tient à contredire cette assertion; mais elle sera soutenue par ceux qui ont été sur les lieux.

Le 12 mars, la **ville de Bordeaux** ouvrit ses portes aux Anglais et au duc d'Angoulême. Ce fut la première ville de France, qui reconnut Louis XVIII. Cette détermination d'une cité importante influa beaucoup sur la résolution prise plus tard par la ville de Paris, quand les alliés l'eurent occupée.

Le jour fatal approchait; je le reconnus à l'air ouvert que prit le prince de Bénévent, la dernière fois que j'allai chez lui.

— Nous touchons au dénoûment, me dit-il, Bonaparte joue de son reste.

— Quoi, l'empereur! dis-je.

— Ah! l'empereur! vous êtes de l'ancien régime, Monsieur; je crois que l'empereur s'en va rejoindre l'empire.

— Cela ne saurait être.

— Vous ignorez donc ce qui se passe : le conseil de régence vient de s'assembler; l'impératrice quitte Paris avec les rois de Westphalie et d'Espagne, les princes archichancelier et architrésorier.

— Et vous, Monseigneur?

— Je reste...... je reste, je ne suis l'homme d'aucun parti, je ne me sépare jamais de la France.

Altéré de ce que j'apprenais, je ne pus rester plus long-temps chez le prince, et je courus chez le roi Joseph. J'eus de la peine à arriver à lui. Le 27 mars, il avait passé dans la cour des Tuileries une revue de divers corps que les gazettes, par ordre, avaient portés à trente-cinq mille hommes, et qui n'étaient pas de plus de vingt mille, avec un nombre égal de gardes nationaux. Le lendemain, un conseil de régence ayant déterminé le départ de l'impératrice, tout fut perdu.

On attribua ce dernier acte au prince de Bénévent. Il vint dans la nuit du 27 au 28 aux Tuileries. L'impératrice était couchée; il insista si vivement pour lui parler, que l'on entra chez sa majesté, et qu'on lui annonça la présence du prince. Elle donna l'ordre de le laisser entrer, et il se présenta comme un homme accablé de douleur.

—Ah! Madame, dit-il, si Votre Majesté n'enlève de Paris le roi de Rome, sa vie n'est pas en sûreté; les royalistes, de concert avec MM. de Vitrolles, de Sesmaisons, de Noailles, de Chateaubriand, et nombre d'autres, à l'instant où les alliés attaqueront nuitamment les barrières, se porteront sur les Tuileries pour enlever le roi de Rome, afin qu'il leur serve d'ôtage pour l'avenir. Qui sait même si l'on n'attentera pas à ses jours. Sauvez l'espoir de l'empereur et de l'empire; sortez de Paris, sans retard!

Il demanda que l'on envoyât chercher le roi Joseph; l'impératrice donna l'ordre de le faire, lorsque l'agent secret dont j'ai parlé fut introduit à son tour. Celui-ci était porteur d'une lettre autographe de l'empereur François, dans laquelle ce monarque disait à sa fille :

« MA CHÈRE FILLE,

« Les événemens sont plus forts que le cou-
« rage de votre mari. Les alliés vont entrer à
« Paris; ils ont appris que les royalistes profite-
« ront de ce moment pour tenter un coup dés-

« espéré sur votre fils, et peut-être sur vous :
« ne laissez pas à ces furieux la possibilité de
« commettre un tel crime. Je réponds de tout,
« je veux la paix avec mon gendre : on lui lais-
« sera la Belgique et les départemens du Rhin.
« Allez le trouver, décidez-le à traiter dans son
« intérêt, dans le vôtre, et dans celui de son
« fils.

« Si des conseillers perfides vous retenaient
« malgré nous à Paris, leur tête et leur for-
« tune répondraient de cette action téméraire
« et inconsidérée. Je suis.....etc. »

Cette lettre supposée avait été fabriquée à Paris, et je pourrais dire par qui ; elle acheva de déterminer l'impératrice ; c'était le moment où une personne sincèrement attachée à ses devoirs devait lui faire comprendre que son intérêt au contraire exigeait sa présence dans la capitale. Madame de Montesquiou, dit-on, chercha à lui donner le conseil d'y rester ; elle ne put parvenir à sa majesté, et d'autres, mieux en position, gardèrent un morne et coupable silence.

Cependant le roi d'Espagne arriva chez l'impératrice : on lui fit entendre les frayeurs de M. de Talleyrand, on lui montra la fausse lettre. Ce prince, il faut l'avouer, manqua de fermeté dans cette circonstance ; on convint que le lendemain on tiendrait un conseil où le point serait discuté : c'était tout ce que demandait le prince de Bénévent.

Dans la matinée, la fameuse épître fut montrée à Cambacérès et au comte Regnault : elle les intimida. Ils n'osèrent pas la combattre, ils ne songèrent pas à en vérifier l'origine, à s'assurer si c'était bien l'empereur d'Autriche qui l'avait écrite. Dans ce moment ils perdirent la tête.

Le fatal conseil fut donc convoqué ; on y discuta pour la forme ce que l'on devait faire ; l'archichancelier, le comte Regnault, se prononçant énergiquement pour que la régente demeurât à Paris, et pour que le roi de Rome s'en éloignât. Le prince de Bénévent, par une suite de sa manière d'agir, eut l'air de se ranger à leur avis ; mais le roi d'Espagne ferma la discussion en communiquant au conseil une lettre dans laquelle l'empereur lui-même ordonnait la retraite de l'impératrice et des autorités constituées, dans le cas où l'on croirait à la possibilité de la reddition de Paris.

Dès lors, on se mit en mesure d'obéir, et le roi Joseph, par une proclamation que tous blâmèrent, en annonçant la sortie de la famille impériale et des grands dignitaires, jura que lui ne quitterait pas les Parisiens..... Il partit à deux heures de l'après-midi, le 30 mars, pendant qu'on se battait encore. La plupart des officiers de son état-major crurent qu'il faisait un mouvement du côté de Neuilly que menaçait un corps de l'armée ennemie; ce fut seulement quand ils le virent prendre la porte Maillot et suivre la grande allée du bois de Boulogne qu'ils furent désabusés.

J'étais parvenu à arriver jusqu'à lui au moment où déjà il se préparait à cette fatale retraite. J'étais à cheval; il m'invita à le suivre: il me sembla qu'il avait la tête perdue. Au surplus, je refusai, sans aucune hésitation, de l'accompagner, et d'un ton si prononcé, qu'il me dit : Croyez bien, Monsieur, que je ne fais rien que de conforme aux intentions de l'empereur. Je le saluai profondément et rentrai à Paris, le désespoir dans l'ame.

Je tiens d'un témoin oculaire qu'au moment de monter en voiture, le jeune Napoléon, accoutumé à de fréquens voyages à Saint-Cloud, à Compiègne, à Fontainebleau, etc., etc., ne voulut pas quitter sa chambre; il poussa des cris, se roula par terre, disant qu'il prétendait rester à Paris et non aller à Rambouillet; sa gouvernante avait beau lui promettre de nouveaux joujoux, dès qu'elle le prenait par la main pour l'entraîner, il recommençait à se rouler par terre en criant qu'il n'entendait pas quitter Paris. Il fallut employer la force pour le porter dans sa voiture.

Singulier instinct de ce roi-enfant qui comprenait mieux ses intérêts que sa mère et ses autres parens.

Dès que Paris eut été abandonné, les maréchaux de Raguse et de Trévise, signèrent la fatale capitulation qui livra la capitale aux alliés, et soudain les royalistes surgirent de toutes parts. Quand Napoléon, qui combattait encore, eut appris ce funeste événement, il assembla ses braves, les forma en bataillon carré très-serré, et leur dit d'une voix forte :

« Officiers, sous-officiers et soldats de la vieille
« garde, l'ennemi nous a dérobé trois marches :
« il est entré dans Paris. J'ai fait offrir à l'em-
« pereur Alexandre une paix achetée par de
« grands sacrifices : la France avec ses anciennes
« limites, en renonçant à ses conquêtes et per-
« dant tout ce que nous avions gagné depuis la
« révolution; non seulement il a refusé, mais
« il a fait plus encore par les suggestions
« perfides d'hommes à qui j'avais accordé la
« vie, que j'ai comblés de bienfaits. Il les auto-
« rise à porter la cocarde blanche, et bientôt
« il voudra la substituer à notre cocarde na-
« tionale..... Dans peu de jours, j'irai l'attaquer
« dans Paris; je compte sur vous..... Ai-je rai-
« son? (Ici s'élevèrent des voies nombreuses:

« *Oui, oui. Vive l'empereur! A Paris, à Paris.*)
« Nous irons leur prouver que la nation fran-
« çaise sait être maîtresse chez elle, et que, si
« elle l'a été si souvent chez les autres, elle
« le sera toujours sur son sol, et qu'enfin elle
« est capable de défendre sa cocarde, son indé-
« pendance et l'intégralité de son territoire. Ré-
« pétez ce que je viens de vous dire à vos ca-
« marades et à vos soldats. »

Mais il n'appartenait plus à ce grand homme de changer la nature des choses; il avait lassé la fortune et la victoire : toutes les deux s'étaient retirées de lui, et sans retour.

Le 30 mars, après un combat opiniâtre livré à Montmartre, à Saint-Denis, à Pantin, à Romainville, à la butte Saint-Chaumont, depuis quatre heures du matin jusqu'à cinq heures du soir, la capitulation fut signée.

La troupe de ligne, la garde nationale, les élèves de l'école Polytechnique, les partisans firent des prodiges de valeur. Le prince de Schwartzenberg adressa aux Parisiens une proclamation dans laquelle il leur traçait un plan de conduite. Il leur disait :

« Les armées alliées se trouvent devant Paris;
« le but de leur marche sur la capitale est
« fondé sur l'espoir d'une réconciliation du-
« rable avec elle. Depuis quinze ans, l'Europe
« est inondée de sang et de larmes; les ten-
« tatives faites pour mettre un terme à tant
« de malheurs ont été inutiles. Les souverains
« alliés cherchent de bonne foi une autorité sa-
« lutaire en France, qui puisse cimenter l'union
« de toutes les nations, de tous les gouverne-
« mens : c'est à la ville de Paris qu'il convient
« dans les circonstances actuelles d'accélérer la
« paix du monde.....

« Parisiens, vous connaissez la situation de
« votre patrie, la conduite de Bordeaux...... les
« maux attirés sur la France et les dispositions
« véritables de vos concitoyens. La conservation
« et la tranquillité de votre ville seront l'objet
« des soins et des mesures que les alliés s'offrent
« de prendre avec les autorités et les notables qui

« jouissent le plus de l'estime publique; aucun
« logement militaire ne pèsera sur la capitale.
« C'est dans ces sentimens que l'Europe en
« armes s'adresse à vous...... »

CHAPITRE VII.

Le 31 mars, à midi, les coalisés portant des branches vertes à leur coiffure, en signe d'humiliation pour nous et de victoire pour eux, entrèrent par la barrière de la Villette. L'empereur Alexandre, le roi de Prusse, les princes, ses fils, le grand-duc Constantin, le prince Schwartzenberg, une foule d'officiers-généraux, suivis d'un état-major nombreux, précédaient cent mille hommes. L'infanterie marchait sur trente hommes de front, la cavalerie sur quinze ; les boulevarts extérieurs étaient couverts de régimens qui contournaient Paris.

La musique de la garde impériale russe faisait insolemment entendre la marche triomphale de *Fernand Cortès* entrant à Mexico.

L'empereur Alexandre alla loger rue Saint-Florentin, à l'hôtel du prince de Bénévent ; les souverains et les princes, placés à l'entrée des Champs-Élysées, virent le défilé des troupes, qui dura cinq heures.

Le même jour, une proclamation des préfets de la Seine et de police engagea les habitans à se tenir tranquilles, sans faire aucune allusion à la politique.

Mais, dès le matin, les royalistes avaient pris l'initiative : réunis à huit heures sur la place Louis XV, sur le lieu même où tomba la tête du roi martyr, ils avaient relevé le drapeau blanc. Là parurent MM. de Vauvineux, Sosthène de Larochefoucauld, les de Lewis, les marquis de

Louvois, Charles de Newkerque, les comtes d'Adhémar, de Kergorlay, le comte Archambault de Périgord, frère de M. de Talleyrand, Emmanuel d'Harcourt qui, pendant la journée, distribua plus de dix mille francs de sa propre fortune pour faire des prosélytes aux Bourbons dans le peuple, et enfin M. de Chateaubriand qui, pour ne point manquer au rendez-vous, avait suspendu la composition de son fameux pamphlet.

Ces personnes, et beaucoup d'autres dont les noms ne me reviennent pas, parcoururent les boulevarts en criant : *Vive le roi ! Vivent les Bourbons ! Vive Louis XVIII !* Ils y ajoutaient : *Vivent les alliés !* La police paralysée laissait faire ; la populace immobile les regardait passer. M. l'abbé de Pradt crut avoir suivi ce noble cortége de dévoués ; aussi, le soir, chez M. de Talleyrand, fit-il merveille. Au demeurant, ses cris ou son envie de crier lui furent profitables, car on l'investit de la grande chancellerie de la Légion-d'Honneur, charge qu'on ne lui conserva pas ; mais pour la lui faire rendre on lui accorda douze mille francs de pension et la grand'croix.

Cette incroyable nomination d'un abbé à la grande chancellerie de la Légion-d'Honneur a été la plus sanglante dérision que l'on ait pu adresser à un ordre alors si grand et si respecté.

L'empereur Alexandre écouta les royalistes; il leur promit son concours : c'était le succès. Le 1er avril, le sénat s'assembla sous la présidence du prince de Talleyrand-Périgord qui renonça lestement à sa principauté italienne; il créa une commission de gouvernement, composée de cinq membres. M. l'ancien évêque d'Autun en fut le chef; les autres furent l'abbé de Montesquiou, le général comte de Beurnonville, le comte de Jaucourt et le duc d'Arberg, sénateurs.

Le même jour, le conseil de la Seine et celui de Paris, ainsi que diverses autres autorités, se déclarèrent rebelles à Napoléon. Le gouvernement provisoire, sans s'expliquer sur l'avenir, dit aux armées, à la fin d'une proclamation virulente : *Vous n'êtes plus les soldats de Napoléon, le sénat vous dégage de vos sermens.*

Le 3 avril, un sénatus-consulte organique fut promulgué en ces termes, précédé de considérans qui énuméraient ce que l'on appelait les infractions de Napoléon à la constitution.

« Article I. Napoléon Bonaparte est déchu « du trône, et le droit d'hérédité, établi dans sa « famille, est aboli.

« Art. II. Le peuple français et l'armée sont « déliés du serment de fidélité envers Napoléon « Bonaparte.

« Art. III. Envoi du sénatus-consulte au gou- « vernement provisoire, aux autorités des dé- « partemens et à celles de la capitale. »

Le corps législatif, convoqué aussi par le prince de Talleyrand, approuva le décret de déchéance et lui donna force de loi. Le même soir, le sénat, admis à l'audience de l'empereur de Russie, à qui il apportait ses vœux pour Louis XVIII, entendit Alexandre s'énoncer en ces termes :

« Un homme qui se disait mon allié est arrivé dans mes États en injuste agresseur; je suis l'ami du peuple français, et ce que vous venez de faire redouble encore ce sentiment. Il est juste, il est sage de donner à la France des institutions fortes et libérales qui soient en rapport avec les lumières actuelles; mes alliés et moi nous ne venons que pour protéger la liberté de vos délibérations..... »

Le sénat, peu après, et fort de l'assentiment des souverains, brocha un prospectus de constitution qui, déchirant le voile, appelait Louis XVIII au trône de France, avec l'ancien titre royal; en même temps, et par respect pour la propriété sans doute, il s'adjugeait héréditairement la propriété de ses revenus. Cette clause déshonora le sénat et fut son arrêt de mort.

Toutefois, malgré tant de démonstrations hostiles, la cause de Napoléon n'était pas encore tout-à-fait désespérée; les armes pouvaient le maintenir dans son droit, mais les défections commencèrent bientôt dans l'armée. Le duc de Raguse donna le premier l'exemple, entraîné par un enchaînement de fatalités qu'il n'entre point dans mon plan de rapporter ici. Les autres maréchaux, les généraux, qui se trouvaient aux alentours de Paris imitèrent son exemple. Alors tout fut réellement perdu.

Avant toutes ces défections, l'empereur s'était retiré à Fontainebleau d'où il ne devait plus sortir que pour se rendre en exil. Le 5 avril, il adressa à l'armée l'ordre du jour suivant :

« L'empereur remercie l'armée de l'attache-
« ment qu'elle lui témoigne, et principalement
« parce qu'elle ne reconnait la France qu'en lui,
« et non dans le peuple de la capitale ; le soldat
« suit la fortune, et l'infortune, son général : son
« honneur est sa religion. Le duc de Raguse n'a
« point inspiré ces sentimens à ses compagnons
« d'armes ; il a passé aux alliés. L'empereur ne
« peut approuver la condition sous laquelle il a
« fait cette démarche ; il ne peut accepter la vie
« et la liberté de la merci d'un sujet. Le sénat
« s'est permis de disposer du gouvernement fran-
« çais ; il a oublié qu'il doit à l'empereur le pou-
« voir dont il abuse maintenant ; c'est l'empe-
« reur qui a sauvé une partie de ses membres
« des orages de la révolution, tiré de l'obscurité,
« et protégé l'autre contre la haine de la nation.

« Le sénat se fonde sur les articles de la consti-
« tution pour la renverser ; il ne rougit pas de
« faire à l'empereur des reproches, sans remar-
« quer que, comme premier corps de l'État, il
« a pris part à tous les événemens ; il est allé si
« loin, qu'il a osé accuser l'empereur d'avoir
« changé les actes dans leurs publications : le
« monde entier sait qu'il n'avait pas besoin
« de tels artifices. Un signe était un ordre pour
« le sénat qui faisait toujours plus qu'on ne dé-
« sirait de lui. L'empereur a toujours été acces-
« sible aux remontrances de ses ministres, et il
« attendait d'eux, dans cette circonstance, la
« justification la plus indéfinie des mesures qu'il
« avait prises. Si l'enthousiasme s'est mêlé dans
« les adresses, dans les discours publics, alors
« l'empereur a été trompé ; mais ceux qui ont
« tenu ce langage doivent s'attribuer à eux-
« mêmes les suites de leurs flatteries. Le sénat
« ne rougit pas de parler de libelles contre les
« gouvernemens étrangers ; il oublie qu'ils furent
« rédigés dans son sein. Aussi long-temps que la
« fortune s'est montrée fidèle à leur souverain,
« les hommes sont restés fidèles, et nulle plainte

« n'a été entendue contre les abus du pouvoir.
« Si l'empereur méprise les hommes, comme on
« le lui a reproché, alors le monde reconnaîtrait
« qu'il a eu des raisons qui motivaient son mé-
« pris; il tenait sa dignité de Dieu et de la na-
« tion, eux seuls pouvaient l'en priver. Il l'a tou-
« jours considérée comme un fardeau, et lorsqu'il
« l'accepta ce fut dans la conviction que lui seul
« était à même de le porter dignement. Le bon-
« heur de la France paraissait être dans la desti-
« née de l'empereur; aujourd'hui que la fortune
« s'est décidée contre lui, la volonté de la nation
« pourrait seule le persuader de rester plus long-
« temps sur le trône. S'il se doit considérer
« comme le seul obstacle à la paix, il fait volon-
« tiers ce dernier sacrifice à la France; il a en
« conséquence envoyé le prince de la Moskowa
« et les ducs de Vicence et de Tarente à Paris,
« pour entamer la négociation. L'armée peut
« être certaine que jamais le bonheur de l'em-
« pereur ne sera en contradiction avec le bon-
« heur de la France. »

Cette vigoureuse justification était tout ce que

l'empereur pouvait se permettre ; elle mettait le sénat un peu plus profondément dans cette fange où le sénat lui-même s'était placé dès son institution.

A la suite de ces événemens, je me rendis à Fontainebleau ; la veille, j'avais rencontré le duc de Rovigo. En m'apercevant il tressaillit.

— Permettez-moi, lui dis-je, de vous demander des nouvelles de l'empereur. Venez-vous de le quitter?

— Je n'ai vu personne, me dit-il. Les circonstances sont graves ; les gens qui ont joué un rôle doivent user de beaucoup de circonspection.

— Je me rends demain auprès de sa majesté.

— Vous allez *là-bas*, c'est une folie ; le roi vous verra de mauvais œil.

— Le roi, M. le duc !

— Monsieur, me dit-il avec chaleur, on a fait de moi un *ogre*, on a eu tort ; je suis très-royaliste ; d'ailleurs j'ai suivi l'exemple du sénat.

—Et bien vous avez fait, répliquai-je — en cherchant, je l'avoue, à le tourmenter — car madame de Staël arrive fort hostile contre vous; elle a dit à des personnes de ma connaissance qu'elle avait l'intention de porter plainte au roi, et de ne pas vous épargner.

Il me dit avec un chagrin comique : — Ma fidélité me tue ; jamais Bona.... Napolé..... l'empereur ne me revaudra tout ce que je souffre à cause de lui.

—Mais vous êtes libre, ce me semble; on n'a ni confisqué vos biens, ni songé à vous ravir vos honneurs, votre duché, les honneurs dont sa majesté vous a comblé.

— Vous ne voyez que le beau côté des choses, me dit-il avec un soupir dolent.... Puis, il ajouta: Mais vraiment irez-vous à Fontainebleau?

— Mon honneur et mon amour me le commandent.

—Ah! vous prenez la chose trop au vif; à votre place......

— M. le duc, permettez-moi de ne pas

vous dire ce que je ferais si j'étais à la vôtre.

Après cette dernière réponse, je laissai l'ex-ministre de la police très-embarrassé de sa personne ; quant à moi, la chute de l'empereur ne m'étonnait plus, lorsque je voyais se développer l'égoïsme de ses prétendus serviteurs dévoués.

Je trouvai l'empereur calme, paisible, résigné. Chaque jour signalait une défection nouvelle ; on ne venait à lui que dans un but déterminé ; aussi, sa première question fut pour me demander à quoi il pouvait m'être bon, puisque je quittais le soleil levant pour me rapprocher d'un astre déjà éteint.

— Je viens prendre mon service, dis-je ; l'empereur m'aurait vu plus tôt, si j'eusse cru que ceux qui devraient être en exercice se fussent abstenus de se rendre à leur devoir.

— Vous êtes le premier, vous serez le dernier ; rien n'attire des chambellans auprès d'un souverain qui va disparaître : on ne voit à l'entour d'un cadavre que les corbeaux qui s'apprêtent à le dévorer. La foule actuelle de mes courtisans est peu nombreuse ; chacun des maréchaux qui viennent me voir a une affaire impérieuse qui l'attire à Paris; ils partent et ne reviennent point. Le prince de Neufchatel, je ne le reverrai plus; tant qu'il a été ici, il a regardé vers la porte, tressaillant au moindre bruit. Croiriez-vous qu'il a eu la faiblesse de me demander si je présumais que les Bourbons l'emploieraient.

Assurément ici, ai-je dit, vous avez une trop belle réputation pour qu'ils ne s'empressent pas de vous en débarrasser. Berthier a balbutié. Le malheureux ne s'est pas douté du rôle qu'il jouait. Je vous remercie de votre fidélité, je n'en abuserai pas; je ne veux point de chambellan étranger à l'île d'Elbe; ces fonctions appartiendront à mes nouveaux sujets.

— C'est donc en Italie que Votre Majesté se retire ?

— J'ai demandé l'île d'Elbe; on m'offrait les îles Ioniennes : cela m'eût fait une apparence d'État : deux cent mille sujets.... Je ne suis plus riche, je me serais ruiné en cherchant à réédifier le palais d'Ulysse en Ithaque ; j'ai préféré l'île d'Elbe. C'est une belle seigneurie, et rien que cela. Le colonel de Ribes, excellent officier du génie, a fait de Porto-Ferrajo une place de premier ordre ; je pourrai, en cas d'attaque, me défendre et me maintenir pendant un an. Je n'ai besoin que de soldats, de quelques officiers, et de deux valets de chambre sous la direction du comte Bertrand qui reste grand maréchal du palais.

J'insistai avec chaleur.

— Plus vous me presserez, dit-il, moins je vous prendrai au mot ; je veux vous laisser le temps de la réflexion..... Lui-même s'arrêta, prit une attitude pensive, puis il me dit :

— Hé bien, puisque mes malheurs ne vous effraient pas, retournez à Paris, allez voir l'impératrice Joséphine, peignez-lui mon attachement et mon vif chagrin de quitter la France sans lui dire un dernier adieu. Consolez-la ; cette séparation n'est pas éternelle, *nous nous reverrons peut-être beaucoup plus tôt que nous ne le présumons :* la destinée est si bizarre! Quand vous aurez fait cette commission, voyez Cambacérès, les Montesquiou, M. de Montalivet, Regnaud, c'est le plus chaud de mes amis ; voyez-les, suivez bien le mouvement des affaires, et, dans un an, vous viendrez me voir à l'île d'Elbe ou dans le lieu de ma retraite ; alors je vous restituerai vos fonctions de chambellan.

L'abdication de l'empereur est du quatre d'avril. Elle fut conçue en ces termes :

« Les puissances alliées ayant proclamé que
« l'empereur Napoléon était le seul obstacle au
« rétablissement de la paix en Europe, l'empe-
« reur Napoléon, fidèle à son serment, déclare
« qu'il est prêt à descendre du trône, à quitter
« la France, même la vie, pour le bien de la patrie,
« inséparable des droits de son fils, de ceux de
« la régence, de l'impératrice, et maintenir les
« lois de l'empire.

« *Fait en notre valais de Fontainebleau,* le
« 4 *avril* 1814.
                                « Napoléon. »

J'ai cru devoir rapporter ici cette pièce historique, quoiqu'on la trouve partout, pour pouvoir l'accompagner d'une observation qu'il m'appartient de faire, et qui, je crois, n'est nulle part. L'abnégation personnelle de Napoléon y paraît dans toute sa générosité. C'est le 4 qu'il abdique, sans aucune stipulation en sa faveur, sans se soucier de son sort futur, puisque le traité à intervenir ne fut signé que le 11 du même mois.

Trois plénipotentiaires, les ducs de Vicence, de Tarente et de Bassano, portèrent cet acte à Paris. On en accepta la première partie; mais on refusa de reconnaître le roi de Rome.

C'eût été sans doute le moment de reprendre les armes, de réengager la partie; toutes les ressources n'étaient pas enlevées à Napoléon. Il lui restait encore :

A Fontainebleau (de sa garde) 25,000 hommes,
A l'armée de Lyon 25,000
Le général Grenier en ramenait d'Italie 18,000
        A reporter. . . . 68,000

Report. 68,000
Le maréchal Suchet en avait
avec lui 15,000
Il en restait au maréchal
Soult ou ailleurs 40,000
Total . . . 123,000 hommes.

Toutes les places fortes d'Italie et de France lui restaient; et, comme il l'a dit lui-même à Sainte-Hélène, il aurait encore long-temps entretenu la guerre avec beaucoup de chances de succès.

Un ambitieux eût tenté la fortune; un grand homme, accusé de vouloir le malheur de sa patrie dut renoncer à conserver plus long-temps le sceptre. Sur ces entrefaites, un homme déterminé vint offrir de tuer l'empereur Alexandre: il demandait que l'empereur Napoléon promît à sa veuve et à son fils quinze mille francs de rente.

L'empereur répondit : —*Je ne veux pas jouer au jeu que l'on commencera contre moi dès que j'aurai quitté ma garde et Fontainebleau.*

Cette prévoyance surnaturelle a été réalisée,

quand on a vu l'infâme complot dont Maubreuil devint l'instrument.

Au moment où je traversai la cour du *Cheval-Blanc*, voulant m'enfoncer dans la forêt pour y rêver à mon aise, arrivé à la grille extérieure, un invalide, vêtu proprement, ayant sur sa poitrine l'étoile des braves, vint à moi m'appelant par mon nom.

— Monsieur, dit-il ensuite, je suis un ancien militaire, vieux, mais vert encore; j'étais Vendéen, émigré, chevalier de Saint-Louis (et, à ces mots entr'ouvrant son habit, sa veste, il me montra la noble croix suspendue à un cordon rouge et qu'il tenait encore cachée); j'étais condamné à mort: Napoléon me sauva la vie à son retour de Rastadt. Plus tard, me trouvant sans fortune, et incapable, par suite de mes blessures, de gagner ma vie, il me fallait ou mourir de faim ou mendier: je m'adressai au premier consul; j'en obtins la croix de la Légion-d'Honneur, une pension et mon admission aux Invalides. Tant que mon bienfaiteur a été tout-puissant, je me suis tenu à l'écart; maintenant il doit être abandonné d'un grand nombre de ses serviteurs; vous l'approchez, allez lui dire qu'un gentilhomme qui lui doit tout le conjure de l'employer. Aucune fonction auprès de sa personne ne me répugnera pour lui prouver ma reconnaissance; enfin, Monsieur............ il peut avoir des besoins............ J'ai, dans dix ans, économisé ces deux mille francs......... qu'il les accepte. Je les dois à sa munificence; ma gratitude est heureuse de les lui rendre : ils serviront à payer ses défenseurs.

A ces simples paroles, je promis au digne invalide de faire ce qu'il me demandait; en attendant, je priai à dîner ce vénérable gentilhomme: il accepta, non sans peine. Je le vis heureux du bonheur des Bourbons, mais désolé de la nécessité où il était de renoncer à les servir, pour obéir au point d'honneur qui l'attachait à jamais au sort de l'empereur malheureux. Quelle ame! quels sentimens! Pourquoi faut-il que sa modestie et les égards qu'il veut avoir pour ses proches qui n'ont pas quitté nos anciens rois dans l'exil et sur le trône m'interdisent de le nommer! C'est un devoir que je ne remplis qu'en me l'imposant avec contrainte.

Aussitôt que j'eus fait part à l'empereur de cette belle conduite, il m'ordonna de faire entrer l'invalide qui lui redit les mêmes choses avec une admirable simplicité. Quand il eut achevé; Napoléon, avec une vive émotion, lui dit :

—Monsieur, vous me rendez heureux du peu de bien que j'ai pu faire. Je quitte la France ; à votre âge on ne s'expatrie pas ; qui sait ce que mon étoile me réserve encore : restez dans vos foyers, défendez ma mémoire lorsqu'on la calomniera. Acceptez cette marque de mon souvenir et de mon amitié.

En disant ainsi, il embrassa M. de......, et lui remit une boîte d'or ornée de son portrait, lorsqu'il était encore le général Bonaparte.

Cette scène fut interrompue par le retour du messager, porteur de la demande d'une seconde abdication ; l'empereur la donna ainsi conçue :

« Les puissances alliées ayant proclamé que

« l'empereur Napoléon était le seul obstacle au
« rétablissement de la paix de l'Europe, l'empe-
« reur, fidèle à son serment, déclare qu'il renonce
« pour lui, pour ses enfans, aux trônes de France
« et d'Italie, et qu'il n'est aucun sacrifice, même
« celui de la vie, qu'il ne soit prêt à faire aux in-
« térêts de la France.

« Fontainebleau, le 11 avril 1814. »

Pour amener l'empereur à prendre une pareille détermination, il fallut l'abandon de *tous*
ses maréchaux. Si quelques uns d'entr'eux, si un
seul lui fût resté fidèle, il eût de nouveau tenté
la grande chance des combats, qui lui avait si
souvent réussi. Il voulait marcher sur l'Italie,
se renforcer de l'armée d'Eugène, de celle de
Murat qu'il ne désespérait pas de rattacher à
lui; de là, courir à Vienne, frapper enfin un de
ces coups gigantesques dignes de son génie.
Mais la retraite de ses compagnons de gloire, son
isolement, la conduite inconsidérée de l'impératrice, aigrirent son esprit, enchaînèrent sa détermination. Tant d'ingratitudes, tant de lâche-
tés, lui firent prendre en dégoût la puissance et

même la vie. Dans la nuit du 12 au 13, se rappelant qu'autrefois le sénateur Cabanis avait composé pour lui-même un poison actif et souverain, que celui-ci en ayant parlé à Napoléon, il lui en avait demandé une dose, que ce poison mortel ne le quittait point, le portant suspendu à son cou dans une cassolette d'or, il l'avala.

Soit que le temps eût amorti la véhémence de la potion, soit que la quantité en fût insuffisante, le poison manqua son effet. Le garçon de garde, qui couchait derrière sa porte entr'ouverte, l'avait vu se lever, délayer dans un verre d'eau quelque chose, boire et se recoucher. Bientôt des gémissemens parviennent aux oreilles de ce serviteur; la violence du mal le fait accourir aux cris de Napoléon. L'empereur ne dissimule point d'abord l'acte auquel l'a poussé un immense désespoir : le garçon appelle le baron Yvan, chirurgien de sa majesté; puis le comte Bertrand, grand maréchal du palais; le duc de Vicence, le duc de Bassano. Des médicamens administrés à propos rendent Napoléon à ce monde qu'il doit encore frapper d'étonnement et d'admiration. Un long assoupissement, des sueurs abondantes, complétèrent la guérison, et, le lendemain, Napoléon signa le traité définitif qui garantissait son existence.

Dans le premier article, Napoléon renouvelait son abdication, tant pour lui que pour tous ceux de sa famille.

Par le second, LL. MM. II. conservaient leur titre ; ceux de la mère de Napoléon, de ses frères, de ses sœurs et des princes et princesses de sa famille leur étaient garantis.

III. L'île d'Elbe, en toute propriété héréditaire, lui était concédée avec un revenu de deux millions de francs sur le grand-livre de France, dont un réversible à Marie-Louise.

IV. Le pavillon elbois était mis sous la protection des souverains de l'Europe.

V. Les duchés de Parme, de Plaisance, Guastalla, appartiendraient en toute propriété à Marie-Louise, pour passer à son fils qui tout de suite en prendrait les titres.

VI. Deux millions cinq cent mille francs de

rente devaient être répartis dans la famille impériale de la manière suivante:

A madame-mère.	300,000 f.
Au roi Joseph et à la reine, sa femme.	500,000
Au roi Louis.	200,000
A la reine Hortense et à ses enfans.	400,000
Au roi Jérôme et à la reine, sa femme.	500,000
A la princesse Élisa et à son mari.	300,000
A la princesse Pauline Borghèse.	300,000
Total.	2,500,000 fr.

Tous les biens desdits, n'importe leur nature, leur étaient conservés.

VII. Joséphine obtenait un million de rente, outre ses autres propriétés.

VIII. On donnerait au prince Eugène un établissement convenable hors de France.

IX. Napoléon cédait à la couronne tout son domaine extraordinaire et privé ; il se réservait un capital de deux millions pour en gratifier qui bon lui semblerait [1].

---

[1] État des gratifications accordées par Sa Majesté l'Empereur Napoléon, conformément a cet article.

Aux généraux de la garde.

Friant,
Cambronne,
Petit,
Arnaud,
Curial,   Total. . . 270,000 fr.
Michel,
Lefebvre-Desnouettes,
Guyot,
Lyon.
A chacun 30,000 fr.

Aux aides-de-camp.

Drouot,
Corbineau,
Dejean,
Caffarelly,   Total. . . 350,000 fr.
Montesquiou,
Bernard,
Bussy.
A chacun 50,000 fr.

X. Les diamans de la couronne restitués.

XI. Napoléon ferait rentrer les sommes appartenant au Trésor.

Au général Fouler, écuyer de l'empereur,
Au baron Fain, secrétaire du cabinet,
Au baron Meneval, secrétaire des commandemens de l'impératrice Marie-Louise,
Au baron Corvisart, premier médecin,
Au colonel Gourgaud, premier officier d'ordonnance.
A chacun 50,000 fr. } Total. 250,000 fr.

Au chevalier Jouane, premier commissaire de cabinet,
Au baron Yvan, chirurgien ordinaire.
A chacun 40,000 fr. } Total. 80,000 fr.

A trente officiers de la garde (État A). . 170,000 fr.
Au service de la chambre (État B). . . 100,000 fr.
Au service des écuries (État C). . . . 130,000 fr.
Au service de l'impératrice et de la bouche (État D). . . . . 140,000 fr.
Au service des fourriers et du roi de Rome (État E). . . . . 70,000 fr.
Au service de santé de l'empereur (État F). . . . . 60,000 fr.

XII. Ses dettes seraient acquittées par le Trésor.

XIII. Les obligations du Mont-Napoléon, de Milan, envers tous ses créanciers, seront remplies.

XIV Concernait les saufs-conduits pour assurer la retraite de Napoléon et de sa famille.

XV. Douze à quinze cents hommes de la garde impériale escorteraient l'empereur au lieu de son embarquement.

XVI. Une corvette armée et des bâtimens serviraient au transport; la corvette serait la propriété de Napoléon.

XVII. Quatre cents soldats de toutes armes suivraient Napoléon.

XVIII. Dans trois ans, les Français au service de l'empereur rentreraient en France sans exception.

XIX Pour l'avantage et la garantie des troupes polonaises au service de la France.

XX. Le présent traité garanti par toutes les puissances.

XXI. Ratifications et échanges.

Les signataires furent :

France : Maréchal Ney, Caulincourt.

Autriche : Metternich, Stadion.

Angleterre : Lord Castlereagh.

Russie : Razoumowski, Nesselrode.

Prusse : Hardenberg.

Je ne pouvais me résoudre à quitter Fontainebleau, je me croyais là à ma place. Napoléon m'avait prié de me tenir à l'écart, tant était soupçonneuse l'inquisition dont il était l'objet; on n'avait pas voulu qu'il revît sa femme. On lui envia les baisers de son fils: il demeurait seul. Avec le dernier libellé d'abdication, était disparu le dernier maréchal. L'un deux, que la terre lui soit légère! laissa avec affectation, sur le bureau de son empereur, une paire de pistolets; Napoléon les fit emporter en haussant les épaules. Il ajouta :

— « Qu'on les rende au maréchal ; plus tard, ils pourront lui être utiles. » Terrible prophétie qui n'était que trop exacte!

Pendant ce dernier séjour à Fontainebleau, j'employais mes loisirs à errer dans la forêt. J'aimais surtout à y rencontrer l'invalide dont j'ai parlé; j'aimais à le voir heureux de la manière dont l'empereur l'avait accueilli. Un jour que j'étais à sa recherche, un homme d'une haute stature m'aborda; mais, quand même il ne m'eût pas adressé la parole, ses sourcils épais, ses cheveux noirs, sa physionomie extraordinaire me l'auraient fait remarquer.

— Monsieur, me dit-il, savez-vous à quelle époque partira Bonaparte?

— Non, Monsieur.

— Il partira pourtant?

— On le croit.

— Il vaudrait mieux qu'il demeurât ici.

Je ne répondis point. Cet homme, après un instant de silence, poursuivit ainsi :

— Oui, s'il s'en va, il peut revenir; s'il revient, il me prendra mon dernier fils, comme il prit mes deux aînés.... Toute réflexion faite, il ne faut pas qu'il parte............ Êtes-vous bon Français !

— Oui, Monsieur, mais peut-être ne le suis-je pas à votre manière.

— La mienne est la seule bonne : *Vivent les Bourbons ! A bas le tyran !*

Le pauvre diable était un fou, ce dont je m'aperçus, moins à son exclamation, qu'à un rire sardonique qu'accompagnait l'égarement de son regard. Il me fit pitié. Sur ces entrefaites, deux personnes vinrent et l'emmenèrent ; il partit sans résistance dès qu'on lui eut annoncé que son fils le demandait. J'ai su que cet infortuné avait deux fils à la grande armée; n'en ayant pas de nouvelles depuis 1812, il les croyait morts. Sa raison s'en était affectée, et, depuis qu'il savait Napoléon à Fontainebleau, son idée fixe était de le mettre à mort. On le veillait; il s'échappait....... Six mois après, ses deux fils, prisonniers en Sibérie, rentrèrent en France, et la raison lui revint.

Le 20 au matin, on sut que Roustan et Constant étaient partis dans la nuit.

A midi, la garde impériale occupa la cour du *Cheval-Blanc* et forma la ligne; les voitures de voyage se rangèrent au pied de l'escalier; le duc de Bassano, le général Belliard, les colonels de Bussy, Anatole de Montesquiou, Gourgaud, le comte de Turenne, le général Fouler, le baron de Mesgrigny, le baron Fain, le lieutenant-colonel Athalin, les barons de la Place, le Lorgue d'Ideville; les chevaliers Joanne, le général Kosakozwki, le colonel Wousavicht, précédés et suivis des commissaires des puissances alliées.

Les voitures furent amenées; un geste impérieux de Napoléon les arrêta. Il s'avança dans la cour, se plaça au milieu des soldats qui frémissaient de douleur,

« Soldats de ma vieille garde, dit Napoléon,
« je vous fais mes adieux........ Depuis vingt ans,
« je vous ai trouvés constamment sur le chemin
« de l'honneur et de la gloire. Dans ces derniers
« temps, comme dans ceux de notre prospérité,
« vous n'avez cessé d'être des modèles de bra-
« voure et de fidélité. Des hommes tels que

« vous, et notre cause n'était pas perdue; mais
« la guerre eût été interminable; c'eût été la
« guerre civile, et la France n'en fût devenue
« que plus malheureuse. J'ai donc sacrifié tous
« nos intérêts à ceux de la patrie........ Je pars;
« vous, mes amis, continuez à servir la France;
« son bonheur est mon unique pensée, il sera
« toujours l'objet de mes vœux....... Ne plaignez
« pas mon sort. Si j'ai consenti à me survivre,
« c'est pour servir encore à votre gloire; je vous
« aime; les grandes choses que nous avons faites
« ensemble....... Adieu, mes enfans. Je voudrais
« vous presser tous sur mon cœur..... que j'em-
« brasse au moins votre drapeau. »

Ces visages basanés versent des larmes; ces
ames fermes sont attendries; un murmure d'enthousiasme et de désespoir circule dans les
rangs, chaque Français sanglote, les étrangers
se détournent pour qu'on ne voie pas leur
émotion. Le général Petit a pris l'aigle encore
parée des couronnes d'or que la ville de Paris
décerna après la campagne d'Austerlitz. Napoléon lui donne un baiser et presse le général
Petit sur son sein; puis se surmontant :

« Adieu, encore une fois, mes vieux compa-
« gnons; que ce dernier baiser passe dans votre
« cœur et qu'il s'y grave. »

Il monte en voiture, on bat aux champs; les cris de *Vive l'empereur! Vive Napoléon!* s'élèvent et sont unanimes; celui qui les entend y voit son retour. Les portières sont fermées; les chevaux pressés par le fouet s'élancent rapidement. Ils emportent l'empereur, et, quand on l'a perdu de vue, avec lui l'empire a disparu!...

CHAPITRE VIII.

Me voilà arrivé à la fin de l'empire dont je n'ai pas eu la prétention de faire un tableau complet. J'ai montré Napoléon Bonaparte au faîte de sa grandeur et descendant de sa puissance peut-être encore plus glorieusement qu'il n'y était monté. Les événemens changent et s'agitent autour de lui ; mais l'homme demeure invariable comme ces rochers que battent en vain les flots et la tempête. La figure de l'empereur domine toutes les autres dans mes souvenirs; mais je ne l'ai point isolée de l'entourage qui forma l'auréole de sa gloire. J'ai dit les vertus des uns, les vices des autres; j'ai exalté les talens et les vertus; j'ai signalé les crimes et même les ridicules. J'ai tâché de réunir dans un même cadre la peinture exacte des mœurs, des coutumes de cette époque. Les hommes célèbres dans la littérature, dans la musique, dans la guerre, dans la diplomatie; les courtisans, les rois, les reines, les princes, les princesses n'ont pas été oubliés; je pourrais croire mon esquisse achevée... elle ne l'est point; cependant je veux revenir en arrière pour recueillir quelques épis oubliés dans le champ où j'ai moissonné, réparer quelques omissions et ajouter à des choses incomplètes.

Ainsi, par exemple, j'ai à peine parlé des beaux-arts, de la sculpture, de la peinture et de l'architecture, qui, pendant l'empire, jetèrent un vif éclat et contribuèrent si puissamment à la gloire de la nation. Napoléon, à qui aucun mérite supérieur n'échappait, avait dès l'origine appelé au sénat l'illustre Vien, vieillard respectable, artiste peut-être sans génie; mais non pas sans mérite, et qui, le premier, rentra en France dans la route du beau dont on s'éloignait depuis près d'un siècle.

Vien devina son élève David. Celui-ci fit une révolution dans la peinture, et le maître, profitant pour lui-même des progrès de son élève, changea sa manière, se pénétra des grands modèles et conquit une réputation que rehaussèrent ses qualités privées. Napoléon ayant à choisir entre lui, dont la vie fut toujours pure, et David qui, par frayeur, avait joué un méchant rôle, ne balança pas sur ce qu'il devait faire. L'honnête Vien reçut le titre de sénateur; le régicide David obtint le titre de premier peintre du gouvernement et bientôt après de l'empereur.

David, très-supérieur à son prétendu maître, poussa loin la science du dessin, de la composition et de l'expression; sa couleur même, contre laquelle on se récrie, est très-conforme à la nature dans chaque objet pris à part; il n'en est point ainsi dans l'ensemble. Ici on aperçoit un nuage poussiéreux, grisâtre, qui couvre le tableau. On le croirait étranger, on présume qu'en soufflant dessus, on le fera disparaître, tant, je le répète, le coloris partiel est brillant.

Avant 1792, David avait déjà produit des chefs-d'œuvre : *le Saint-Roch à la Santé de Marseille*, qui lutte avec l'admirable bas-relief de Pujet ; le *Serment des Horaces*, le *Brutus*, le *Pâris et Hélène*, *Socrate près de mourir*, l'esquisse du *Serment du Jeu de Paume*, etc., etc., assuraient à leur auteur une réputation brillante. Tout à coup l'artiste estimable, que la cour comblait de bienfaits, se déclare ingrat et en pleine révolte ; il se fait sans-culotte. Il se range parmi les admirateurs de Marat ; on le compte au nombre des amis du *vertueux* Robespierre ; il vote la mort de son roi et s'écrie en parlant des artistes : « *Qu'on tire sur eux à mitraille, on n'atteindra pas un seul patriote.* »

Mercier a rapporté ce propos sanguinaire. David demanda la destruction de la fameuse galerie du Luxembourg, ou, pour mieux dire, des tableaux de Rubens, qui la composaient. Il promit à Robespierre de boire avec lui la ciguë. Enfin son délire révolutionnaire fut complet; à la mort méritée de Marat, il se montra au premier rang des séides de ce monstre, et, dans son fatal enthousiasme il fit un chef-d'œuvre dans le portrait du farouche conventionnel.

De tels excès, des actes aussi répréhensibles, furent depuis l'objet du regret perpétuel de ce sublime artiste; il ne rougissait pas de convenir qu'il avait eu tort. Il me disait à moi-même dans une circonstance où, à Saint-Cloud, nous dînâmes ensemble:

—Monsieur, à cette époque (1791 à 1794), chacun était en délire, royalistes et jacobins; on vivait dans une exaltation telle, que c'était une hallucination, une monomanie complète. On se levait ivre..... l'ivresse durait toute la journée et elle ne nous quittait point à l'heure du sommeil; aujourd'hui, dans un calme profond, on blâme le délire des temps d'orages. Alors la mort était incessamment devant nos yeux; il ne fallait souvent qu'une heure pour être suspecté, arrêté, condamné, exécuté.

Cette horrible rapidité, cette menace incessante, égarèrent tous ceux qui tenaient à la vie, et je ne dissimulerai point que j'étais de ce nombre. Je voulais me conserver pour ma famille, pour mon art; entouré d'une certaine renommée, l'oubli de mon nom était impossible. J'ai commis une faute, j'ai fait pis sans doute; mais mes ennemis ne disent pas tout; ils ne parlent que de mes erreurs et passent sous silence les nombreux services que j'ai rendus. Plus de deux cents familles me doivent leurs chefs ou l'un de leurs membres; j'ai sauvé une multitude de monumens des arts; c'est par mon conseil qu'en couvrant de foin et de paille hachée le pavé en mosaïque et les incrustations du dôme des Invalides, ce travail magnifique a été sauvé d'une destruction complète. J'ai fait enfin plus de bien que de mal. Le vote porté contre le roi pèse sur mon cœur; si j'ai failli dans cette circonstance, que d'influences agirent sur moi, que d'instances, que de moyens employèrent le duc d'Orléans,

Marat, Robespierre, Danton, Barrère, de Nogaret; Barrère me dit, en me pressant dans ses bras de fer :

— Mon beau peintre (vous voyez comme je suis laid), comme nous ne voulons pas reculer, nous avons décidé que tout conventionnel qui ne voterait pas la mort sauterait le pas avec le tyran ; c'est à toi de voir si tu veux lui sacrifier ta vie.

D'autres, poursuivit David, me tinrent le même langage ; la proscription s'étendait sur ma femme, sur mes parens. Je me déterminai ; je fis comme Richard, comme Lapparent, comme Monge, comme tant d'autres qui voudraient racheter cette action qui fut plus une faiblesse qu'un crime. Au reste, vous m'entendrez toujours parler avec vénération de Louis XVI : c'est toute l'expiation que je puis offrir à sa cendre ; mais comme je la renouvelle souvent, elle doit m'être comptée. »

Ceux qui ont vu David dans son intimité lui ont entendu tenir les mêmes discours. Il était subordonné en tout point à l'empereur. Tout le monde connait le magnifique portrait qu'il fit du général Bonaparte où il l'a représenté franchissant le mont Saint-Bernard ; à ses pieds et sur la neige on lit, presque effacé, le nom d'Annibal ; celui de Charlemagne est plus lisible ; enfin, le doigt de la Victoire vient d'y graver profondément le nom à jamais auguste et immortel de Bonaparte. Il existe quatre éditions, si je puis ainsi dire, de ce chef-d'œuvre du maître.

Le portrait de Marat, le désespoir de l'homme, fut le triomphe de l'artiste [1].

---

[1] Ce tableau appartient toujours à la famille de David. Deux fois elle l'a mis en vente au prix de cent mille francs ; mais la perfection de l'exécution n'a pu triompher du dégoût qu'inspire le sujet. Aucun souverain ne voudrait sans doute avoir le portrait de Marat dans ses galeries, et quel amateur oserait en orner son cabinet. Pour une somme pareille de cent mille francs, la fille du fameux Le Pelletier de Saint-Fargeau a pu acheter le portrait de son père, autre miracle du pinceau de David ; mais en l'achetant, elle n'a point acquis le droit d'anéantir ce chef-d'œuvre de l'art, sous la clause expresse d'une autre somme égale de cent mille francs, dans le cas d'une infraction au traité.

A la sortie de la Terreur, David, pour se justifier, exposa le tableau de l'*Enlèvement des Sabines*; vaste composition, un peu confuse dans les fonds, incomparable sur les premiers plans, dessinée avec le goût de l'antique, parfaite de pureté et marquée au coin du génie. Le coloris de chaque figure est sans reproche, et néanmoins, dans l'ensemble, c'est celui de tous les tableaux de David où le brouillard que je me suis permis de lui reprocher est le plus sensible.

Le Couronnement de Joséphine par Napoléon, qui vient de se couronner lui-même; la *Distribution des aigles au Champ-de-Mars*; le *Portrait de Pie VII*, celui de *Napoléon en grand habit*, etc., etc., soutinrent sa réputation sans l'accroître, si ce n'est toutefois le portrait du pape où le grand artiste a touché à la perfection. On voulait des prodiges, on les demandait à un pinceau qui nous y avait accoutumés; on fut content lorsqu'un peu plus tard, nous pûmes jouir de l'accroissement du génie qui trouvait en soi des ressources incroyables; lorsque nous fûmes admis à contempler le *Repos de Léonidas avant le célèbre passage des Thermopyles*. Ici, tout fut sublime et hors de proportion. On entendit le chant du cygne; car Bonaparte, de retour en 1815, lui ayant rendu son titre de premier peintre, ce qui certes n'avait rien de commun avec la politique, on ne l'en plaça pas moins sur la liste de proscription des votans relaps, et on l'exila en Belgique où il est mort, n'ayant composé, depuis sa sortie de France, que des œuvres inférieures à celles qui firent sa réputation.

Parmi ses élèves, on distinguait Girodet, Gros, Mesnier et Gérard; Guérin seul, dans cette pléiade de peintres qui illustrèrent l'école française sous l'empire, n'appartenait point à l'école de David : il était élève de Regnault. Pendant la révolution, entraîné par son maître, Gérard siégea un instant au tribunal révolutionnaire; mais il ouvrit les yeux et s'en retira promptement. Une vie pure et sans reproche l'a bien lavé depuis de cette erreur née de sa déférence pour David. Gérard comptera au rang des plus grands peintres ; son nom ne périra pas, cela ne se peut ; car lorsqu'on se présente à la postérité avec les tableaux d'*Ossian*, de *Psyché*, des *Trois âges*, de la *Bataille d'Austerlitz*, d'*Homère* et de *Bélisaire*, il est certain qu'elle accueillera l'auteur de tant de chefs-d'œuvre qu'a couronnés l'*Entrée de Henri IV à Paris*.

Guérin, son émule, car je n'oserais dire ni son inférieur, ni tout-à-fait son égal, a laissé des œuvres impérissables, telles que sa *Didon*, le *Marcus Sextus*, l'*Hippolyte devant Thésée*, la *Clitemnestre*, l'*Aurore et Céphale*, Andromaque, les *Bergers d'Arcadie*.

Girodet, dont j'ai déjà parlé, est encore un des plus hauts placés dans l'estime des artistes et des connaisseurs. Et toi, célèbre et trop sensible Gros, toi qui, non encore au terme d'une carrière illustre, as reculé devant d'ingrats et d'infâmes envieux, devant des critiques ignorans, mal intentionnés! ils ont abreuvé cet habile homme d'outrages, d'injures, de sarcasmes ; flèches vaines pour ces auteurs accoutumés aux épigrammes, aux plaisanteries; qui, vivant dans le monde, savent combien ces blessures ont peu de profondeur. Mais l'artiste isolé, solitaire, méfiant, qui voit les autres comme soi, prend tout au sérieux, se croit déshonoré et succombe sous le poids de sa douleur et de son désespoir.

L'infortuné Gros, poursuivi, dis-je, par d'indignes, d'obscurs ennemis, ne sachant pas qu'une même cabale qui tend à perdre l'art, soit dans la poésie, soit dans la peinture et dans l'architecture, sa sœur, s'est emparée de presque tous les organes de la presse, et par conséquent que ses décisions loin d'être celles du pays, n'émanent que d'une petite cotterie, sifflée elle-même dans tout ce qu'elle avance, et surtout dans ce qu'elle publie; trompé donc, et se croyant perdu dans l'opinion publique, ce grand peintre voulut quitter une patrie qu'il ne croyait plus honorer.

Il oublia ses prodiges antérieurs, si admirés, depuis qu'il n'est plus, par ceux-là mêmes qui affectaient de ravaler son génie, et chercha dans une mort volontaire un refuge contre l'injustice envieuse d'une poignée de détracteurs. Gros a marqué sa place parmi les plus beaux génies des temps modernes, et son nom ne périra jamais.

Le peintre Vincent, plus âgé que David, a aussi contribué à la régénération de l'école française. Son mérite était à son apogée à l'aurore de l'empire; alors il ne faisait plus rien, mais sa nombreuse école entretenait le feu sacré. Regnault, comme lui, a sa part d'illustration; quoiqu'on ait dit de lui que ce qu'il avait fait de mieux était Guérin, on voit avec plaisir son *Éducation d'Achille* et diverses compositions gracieuses relevées par un coloris suave et vrai. Prudhon marcha à côté de ces artistes, sinon en avant. Son pinceau sut reproduire avec une égale supériorité les sujets les plus énergiques, comme la *Vengeance poursuivant le Crime;* et les scènes les plus gracieuses, telles que l'*Enfance de Paul et Virginie*, tableau dont la suavité a permis de comparer Prudhon à l'Albane. Les Graces conduisirent son pinceau; peut-être ne jouit-il pas de toute la célébrité qui lui est due. On le place, selon moi, au dessous du rang que son génie lui assigne ; nos neveux plus justes le feront monter où il doit être assis.

J'en dirai autant de Mesnier, peu connu en dehors des artistes, de Mesnier dont le talent franc et pur se distingua par des compositions sages, élégantes, bien dessinées, par des expressions profondément senties, par un coloris doux, et qui, en beaucoup de parties, lutterait avec avantage contre celui des meilleurs artistes flamands.

Je suis bien loin d'avoir épuisé la liste des peintres de l'empire; il en est encore que recommandent des qualités supérieures ; là, je placerai Garnier avec son tableau digne d'éloges de la *Désolation de la famille de Priam* ; Hennequin et les *Fureurs d'Oreste* ; Bonnemaison et l'*Étude de la nature* ; Menjaud et un grand nombre de toiles où le talent se fait remarquer; Berthon, *Phèdre à la chasse* ; Harriet et son *Virgile mourant* ; Bergeret, si parfait dans ses sujets de l'histoire moderne; les frères Franque; Cosson, l'un des meilleurs élèves de David;

Géricault, si promptement enlevé à la gloire et à ses admirateurs; Gautherot, républicain enthousiaste et peintre véhément; Laurent, célèbre par ses miniatures; madame Vincent, madame Mongez; Lagrénée; les deux Vernet, Carle et Horace; le premier devenu le meilleur peintre de chevaux et de sujets de la vie ordinaire; le second, qui a pris un vol bien autrement élevé; Ansiaux, Boilly, Méry, Richard qui eût été sans rival dans son genre, sans la concurrence de Revoil de Lyon; celui-ci aussi bon poète que peintre distingué; Hue de Marseille, dont les marines ont mérité d'être parfois comparées à celles de Joseph Vernet; Augustin, Isabey, Saint, miniaturistes du premier talent; Isabey, dessinateur d'un goût exquis. Les paysagistes en si grand nombre et tous si supérieurs, Valenciennes, Robert, Bertin, Wallaert, Bourgeois, Bidault, Demarne, paysagiste et peintre de genre ainsi que Taunay, Dumouy, Daulou; César Vanloo, paysagiste et le dernier de la famille de ce nom, qui tout entière se consacra au culte des arts; Roques et Jacquemin; Goudin, Suau, chefs de l'école de peinture

de Toulouse, comme l'étaient de celle de Lyon
Richard, Revoil, que j'ai déjà nommés; Bonnefond que je ne veux point oublier; Bacler
d'Albe, militaire, ingénieur, littérateur, artiste;
Noël, si vanté pour ses gouaches avec Dégotty;
mesdames Chaudet et Mallet, véritables artistes;
Drolling dont le mérite s'accroît chaque jour;
Granet qui depuis long-temps a atteint l'apogée de sa gloire; Bouton, Daguerre, aux *trompe-
l'œil* incompréhensibles; M. de Forbin qui
était alors artiste, et que la flatterie ne détournait pas du beau chemin qu'il avait pris; Ducis,
aux compositions charmantes, et digne neveu
d'un homme célèbre; Vermey, trop tôt enlevé
par l'Amérique à la France qui n'oubliera jamais *Marie Stuart à qui on lit sa sentence* ; *saint
Louis en Égypte* ; *Raoul de Coucy et Gabrielle* ,
la *Naissance d'Henri IV*, etc., etc., et nombre
d'autres sujets où déjà le génie se laissait apercevoir au dessus du talent; Sauvage, si parfait
dans ses bas-reliefs imités, où la peinture acquérait la saillie de la sculpture; madame Vallayer, Coster, Spaendonck, Vaudaël, Redouté,
mademoiselle de Brossard, Omégang, Huet,

Taillasson, Duvivier, Bosq, Perron ou Pyron que j'aurais dû nommer en premier, Lethiers à qui l'on doit une des plus belles compositions modernes, la *Mort des fils de Brutus;* Langlois, Dumont, Suve.

Voilà certes une nombreuse et recommandable cohorte d'artistes, et peut-être en oublié-je presque autant que j'en viens de citer. Quant aux jeunes peintres dont les premiers débuts seulement remontent au temps de l'empire, je les ai omis volontairement, parce que leur gloire est plus récente et n'appartient pas par conséquent à l'époque qui doit seule m'occuper; cependant ce sont de beaux noms que ceux de Couderc, de Picot, et d'Abel de Pujol. Je n'ai point non plus mentionné Greuze et Drouais, parce qu'ils appartiennent à l'ancien régime, quoique cependant Drouais ait compté parmi les premiers élèves de David. Sa *Cananéenne* est peut-être le seul tableau que l'œil exercé d'un connaisseur pourrait attribuer au Poussin, si le nom de l'auteur était inconnu. On y admire la même simplicité biblique et quelque chose d'ineffable dans l'expression des figures. Drouais mourut trop jeune pour que son nom ait appartenu à l'empire. La même raison m'a fait passer sous silence Gamelin, paysagiste, peintre de batailles renommé, décédé en 1803; ses tableaux sont très-recherchés dans le Midi, en Languedoc, dans le Roussillon particulièrement, où le goût des arts se maintient dans sa pureté; là on ne connaît que les chefs-d'œuvre des grands maîtres, et on n'est pas débauché par la vue des folies dites romantiques.

L'empire eut aussi sa part de très-bons graveurs et de dessinateurs excellens: Blot qui a gravé le *Jugement de Paris*; Morel, le *Bélisaire* de David; Rouillard, une *Sainte famille d'Annibal Carrache*, Godefroy, Mussard, Piranesi, Berthault, Viel, Henri Simon, Jeuffroy, Bouillon, Berwic, Tassaert, Duvivier, Desnoyers, Tardieu, Richomme; ceux que je passe sous silence, formaient un groupe digne de soutenir le poids de l'ancienne renommée de nos graveurs; ceux en pierres fines et médailles étaient aussi distingués ; parmi eux s'élevait M. Gayrard, élève de son génie, qui de la gravure des médailles s'est fait sculpteur et a pris un des premiers rangs parmi ses confrères. Ses statues, ses groupes, ses bas-reliefs, tous avoués par le goût, empreints de vigueur et de grace, parviendront à le faire apprécier par la multitude, comme il l'est déjà par les vrais connaisseurs; il sait donner de la vie au marbre, il lui imprime du mouvement; non que séduit par une fantaisie bizarre, il agite une matière pesante, non qu'il lance à la course des blocs qui doivent rester immobiles; mais ses personnages en pose tranquille et réfléchie respirent et charment par l'élégance des formes, la science de l'anatomie et la chaleur de l'expression. Déjà connu au temps de Napoléon, il a complété sa renommée depuis la restauration ; il appartient donc moins à l'ère impériale que Chaudet, Cartellier, Houdan, Julien Pajou, Moitte, Rolland, Dejoux, Chinard, Esparcieux, Lemot, Lecomte, Ramey, Pradier, Cortot, Nanteuil, Petitot, Bridou père et fils, Gois, Stouff. Ceux-là, déjà connus, ou qui depuis l'ont été davantage, se partagèrent les travaux nombreux que l'empereur ordonna. David, notre grand sculpteur, n'a apparu, je crois, dans la carrière, que postérieurement à l'empire.

Les architectes enfin parurent avec éclat ; sous ce règne on distingua Gondoin, Raymond, Chalgrin, Peyre, Dufourny, Bellangé, Heurtaut, Vignon, Perrier, Fontaine, Hugot, Berthault, Vaudoyer, Debret, Lebas, Leclerc, Guènepin.

J'ai tenu à réunir tous ces noms pour présenter les sommités de nos hommes habiles. Assurément, cette époque, aujourd'hui si calomniée, compte plus de personnages illustres que celle d'où on la juge avec tant de rigueur. Et que serait-ce, si, abandonnant les arts, je présentais le tableau des adeptes dans la science, chose pour laquelle je me suis déjà déclaré incompétent, et enfin celle des militaires qui ont vengé, soutenu, illustré la France dans toute l'Europe, en Asie, en Égypte, en Amérique et jusqu'en Irlande. On serait confondu de la quantité de héros, et de notre injustice à leur égard.

Ces maréchaux, ces généraux de division et

de brigade, ces colonels, tous si recommandables, tous connus de la victoire, redoutés de l'Europe et ignorés de leurs concitoyens. Napoléon, dans aucun temps, ne repoussa les hommes de haute réputation; non seulement aucune célébrité ne l'offusqua, mais il alla au devant de toutes les célébrités de son règne; il leur tendit la main en signe d'alliance. Moreau, le premier, repoussa les avances sincères et cordiales du premier consul; il voulut se rapprocher de M. de Lafayette, et vraiment ce ne fut pas tout-à-fait la faute de Napoléon s'il ne vit pas dans l'ancien commandant de la garde nationale de Paris un assez grand homme pour se démettre de l'empire en sa faveur, et lui offrir, au lieu de ce trône si brillant de gloire, le fauteuil d'une présidence républicaine. L'empereur, personne ne l'ignore, avait apprécié Georges Cadoudal, Georges, son ennemi, saisi en flagrant délit de conspiration : il ne lui voulut point faire seulement la honteuse aumône de la vie, il lui offrit un régiment, et Georges, s'il eût accepté, serait devenu un de ses maréchaux. S'il se montra inflexible dans ses jugemens sur

Dumouriez et Pichegru, ce fut par exception, et seulement parce qu'ils avaient trahi la patrie, seul crime qui fût irrémissible aux yeux de Napoléon.

Chez aucun peuple et à aucune époque, ce qui constitue le corps principal de l'État ne renferma autant de hautes notabilités que l'on en vit réunies dans le sénat, lors de sa création. Si l'on en doute, que l'on veuille bien seulement prendre la peine de jeter les yeux sur les noms suivans, tous inscrits sur la liste de fondation, en date du 9 septembre 1800, et sur la liste supplémentaire qui parut neuf mois après. Je ne rapporterai que les noms les plus célèbres inscrits sur ces deux listes, après, toutefois, avoir fait observer que le sénat, dans l'origine, ne fut composé que de soixante-treize membres. On y comptait :

Cambacérès, jurisconsulte publiciste; *Lebrun*, littérateur; *Sieyes*, constituant, directeur, ambassadeur, publiciste, homme de lettres ; *Pléville le Peley*, marin illustre, ministre intègre; *Kellermann*, général en chef; *Monge*, géomètre; *Laplace*, mathématicien; *Garat*, littérateur, membre de l'Institut; *Lagrange*, astronome, académicien; *Lambretch*, jurisconsulte; *Destut de Tracy*, philologue, académicien; *Lacépède*, naturaliste, académicien; *Cabanis*, célèbre médecin, académicien; *Volney*, voyageur, philosophe érudit, académicien; *Vien*, peintre, académicien; *Bougainville*, marin; *Serrurier*, général en chef; *Perreguaux*, banquier, l'un des plus renommés de l'époque; *François de Neuf-Château*, littérateur, homme d'État; *Choiseul*, voyageur; *Barthélemy*, conseiller, député, ambassadeur, directeur, diplomate; *Lanjuinais*, l'un des héros de la révolution; *Lefebvre*, général en chef; *Vaubois*, général; *Rampon*, général; *Tronchet*, défenseur de Louis XVI; *Pérignon*, général en chef; *Grégoire*, savant; *Desmeuniers*, littérateur; *Lucien Bonaparte*, homme d'État; *de Belloy*, archevêque de Paris; *Aboville*, général d'artillerie [1].

---

[1] Le sénat vit aussi au nombre de ses membres trois hommes d'un grand mérite, mais d'un mérite très-différent : Abrial, Fouché et Rœderer. Ils n'y entrèrent qu'un peu

Le premier consul avait voulu faire entrer au sénat l'ancien maréchal de Rochambeau, Ducis, Delille et M. de Lafayette. Ces noms, à coup sûr, n'étaient pas sans illustration; mais Napoléon, malgré son système de fusion, aurait eu de la peine à amener les deux derniers à s'entendre. A tort ou à raison, M. de Lafayette était, comme on dit, la bête noire du bon Delille qui lui assigna une fâcheuse place dans son poème de *la Pitié*, imprimé à l'étranger. Le poète partageait, comme nombre de royalistes, la pensée que le sommeil du général en chef de la garde nationale, dans la nuit du 5 au 6 octobre 1789, était coupable; il voyait d'ailleurs dans le marquis de Lafayette un ennemi de son roi, de la monarchie, et un partisan du

plus tard, lorsque le premier consul réunit pour un temps dans les mains de Reynier, grand-juge, les deux portefeuilles de la justice et de la police. Lorsqu'après la conspiration de Georges, Pichegru et Moreau, Fouché reprit les fonctions de ministre de la police générale, ce fut la première infraction à la constitution de l'an VIII, qui interdisait aux membres du sénat-conservateur l'exercice d'aucun emploi public.

système républicain, le plus mauvais de tous ; en conséquence, Delille, pour la première et dernière fois, se fit loup, lui mouton, et il composa ces vers terribles, injustes sans doute, curieux néanmoins, car ils sont peu connus ; c'est à ce titre que je les transcris. Je les tiens de leur auteur, bien qu'il ne les ait avoués qu'à demi ; je dirai de quelle manière plus tard.

> C'est ce fade blondin, ce héros ridicule,
> De l'astre de Cromwel, pâle et froid crépuscule ;
> Intrigant dans la guerre, et guerrier dans la paix,
> Qui d'un œil caressant médite des forfaits ;
> Prend Marat pour exemple et Favras pour victime,
> Fait honte du succès et fait pitié du crime.
> Gage des assassins, égorge par la loi,
> Veille pour des brigands et dort contre son roi.

Il est facile de reconnaître dans ces vers l'esprit de parti, l'injustice des allégations, et la légèreté irréfléchie avec laquelle on exagère ! lorsque l'on ne veut écouter que les accens de la passion.

Delille fut le premier à me parler de cette satyre flagellante, puis il me la récita.

— On m'accuse d'en être l'auteur, me dit-il ensuite, quel conte !.... Ce n'est pas l'embarras, ces vers sont bien tournés.... oui, bien...... sauf le dernier; la faute qui le dépare est grave; on *ne dort pas contre son roi.....* Je suis incapable d'un tel solécisme; n'est-ce pas vrai, mon ami?

— Assurément, répondis-je, vous en êtes incapable, si vous n'avez pas voulu le faire exprès afin de dérouter l'opinion. Mais, à part ce vers, n'est-ce pas là votre coupe, votre facture; qui a ce rythme harmonieux et brillant, qui balance les diverses parties d'un vers avec cet art? Redites-les, voyons.

— Mon ami, mon ami, il ne faut rien affirmer en cas pareil, et, pour me faire plaisir, insistez sur le solécisme..... qui du reste est très-excusable; c'est une licence poétique, une tournure hardie:

Veille pour des brigands et dort contre son roi.

Cela finit brillamment un couplet.

— Et vous n'êtes pas l'auteur?

— Et si je ne veux pas l'être?

— Alors je réciterai ces beaux vers, je crierai à tout Jérusalem qu'ils ne sont pas de vous; chacun m'en demandera une copie, et pas un ne doutera du nom sous lequel il faudra les mettre.

Napoléon, à qui on les rapporta, les lut deux fois.

— C'est, dit-il, une rude attaque; elle est méritée; néanmoins je ne laisserai pas publier ces vers, car je ne veux pas que l'on recommence la guerre de la révolution.

Il fit savoir aux éditeurs de Delille sa détermination, et on imprima *la Pitié* où ces vers manquèrent. La mauvaise humeur du poète s'en accrut contre Bonaparte.

— Voyez, me disait-il, si cet homme n'est pas jacobin; il soutient les républicains. Je ne suis pas sa dupe.

Ceci me rappelle que, vers la fin de décembre 1815, ayant été voir le marquis de Lafayette, logé alors n° 13, rue d'Anjou, faubourg Saint-

Honoré[1], je le rencontrai au bas de son escalier, près de monter en voiture ; il se confondit en excuses, sa politesse étant parfaite. Il voulut remonter, et, sur mon refus, me demanda où j'allais.

— Dans le faubourg Saint-Germain, dis-je.

— Mais, voulez-vous que je vous jette quelque part ? je vais dans ce quartier.

— Et peut-être chez la baronne de Staël ? dis-je.

— Hé ! oui, Monsieur, précisément. C'est trop heureux.

J'étais à pied, j'acceptai son offre. Nous montons et nous partons. La conversation s'engage; le maréchal Ney avait péri le 7 de ce mois : on ne s'entretenait encore que de lui. A ce sujet, M. de Lafayette prend la parole, et voici textuellement son propos. Je le déclare, sur l'honneur, conforme à ce qu'il dit ; je ne crois pas qu'il y ait un mot de changé.

[1] Il est mort dans cette même rue, au n° 38.

— Tout va mal, Monsieur, tout ira mal encore; le roi (Louis XVIII) se laisse déborder. Il n'a rien appris, rien oublié; sa famille, ses serviteurs, de même; ils voudront tout reconquérir, ils exposeront tout. *On en viendra au plus saint des devoirs*, et, dans ce pêle-mêle, on fera éclore une belle et bonne république dont, Dieu m'aidant, je serai président.

Je reviens, après ce détour, à la composition du sénat. Chacun de ses membres, pris isolément, lui apportait un tribut de gloire ; mais, avec le temps, il tomba dans le discrédit le plus profond, et, j'oserai dire, le mieux mérité. Occupant le premier rang dans la hiérarchie des corps de l'État, l'opinion le relégua à la dernière place. Sa servilité obséquieuse le fit comparer au sénat romain, sous l'empereur Claude, et il ne lui avait pas fallu une longue suite de siècles pour aller au devant de son avilissement. Ce fut à un tel point, que, si, en 1814, il eût plu à Louis XVIII d'exclure en masse le sénat de toutes fonctions publiques, pas une seule voix en France ne se fût élevée pour réclamer contre cette décision qui eût donné à Louis XVIII un point de ressemblance avec Augias.

Voici comment, sous l'empire, les pouvoirs de l'État étaient classés.

L'empereur seul en première ligne, ayant tout le pouvoir absolu de Louis XIV, plus celui qui lui revenait de la non existence de corps propres à contrebalancer son autorité.

Après l'empereur, le sénat, gardien du dépôt de la constitution, chargé d'y ajouter, par des sénatus-consultes, les lois organiques ou temporaires dont la nécessité se faisait sentir passagèrement. Le sénat ne rappelait ni les états-généraux, ni les parlemens; il n'avait aucun pouvoir, aucun droit: c'était un brillant chapitre dont les canonicats étaient lucratifs et engraissaient les titulaires.

Mercier prétendait qu'il avait trouvé l'épithète convenable à ce corps, celle de *génuflexible*. Un matin on trouva ces deux vers écrits sur la porte du palais du sénat:

> Sans tracas, sans travail, engraissé par l'État,
> Ici digère et dort notre auguste sénat.

Je n'en finirais point, si je rapportais toutes les épigrammes, tous les quolibets dont le sénat fut l'objet; il y a des choses sur lesquelles il faut savoir passer l'éponge, et l'on ne se soucierait guère aujourd'hui d'entendre dire que le sénat était un corps (un cor) aux pieds de l'empereur; cette calambredaine, que je donne pour ce qu'elle vaut, était cependant l'expression d'une incontestable vérité.

En effet, pendant toute la durée du consulat et de l'empire, le moindre désir de Napoléon devint un ordre pour le sénat. On ne vit jamais de soumission pareille; le sénat sanctionnait de son suffrage chaque infraction, chaque violation faite à la constitution et aux lois. On a vu comment, en 1814, il eut l'impudeur de reprocher à Napoléon ce qu'avec un peu de cœur il lui eût contesté. Le premier devoir du sénat était de protester contre la suppression du tribunat; ce devoir, il ne le remplit pas, soit pusillanimité de sa part, soit plutôt que chacun de ses membres fût déjà engourdi sous les chaînes légères d'une vie dorée. A dater de ce moment, la constitution, déjà enfreinte, comme je l'ai dit tout à l'heure à l'occasion de Fouché, fut à jamais déchirée.

En France, et c'est un vice particulier à notre nation, on flatte mieux que l'on ne sert. On sert avec honneur, la flatterie est toujours un objet de honte; elle attire surtout le mépris de ceux auxquels elle s'adresse. Aussi l'empereur disait-il à ses intimes, quand la trop lâche complaisance du sénat le dégoûtait : « Pour un écu, je les ferais monter derrière ma voiture. » Et un jour que le roi de Rome pleurait parce qu'il avait cassé un polichinelle qu'il affectionnait particulièrement : « Ne pleure pas, lui dit son père, je te donnerai un sénateur. » Le comte de Ségur, sénateur lui-même, et qui entendit le propos, en riait aux éclats.

Le traitement des sénateurs, fixé dès l'origine à 24,000 francs, fut, peu de temps après, porté à 36,000 francs. L'établissement des sénatoreries ajouta de 30 à 60 mille francs au revenu de ceux qui furent investis de ces lucratives dignités. Parmi les énigmes du temps, il en est une que je ne saurais encore m'expliquer; mais il est de fait que chaque membre du sénat, pris individuellement, était environné d'une grande considération personnelle, et que le corps était méprisé. C'était, qu'on me permette la comparaison, une mauvaise mosaïque en pierres précieuses.

Le conseil d'État venait après le sénat. On y élaborait les lois, les réglemens d'administration ; on préparait les codes, les grandes mesures financières; on jugeait les conflits et les discussions administratives. Ce corps était composé de tous les hommes forts et capables en quelque genre que ce fût ; c'était réellement un faisceau de lumières brillantes; les sommités en jurisprudence, guerre, marine, finances, administration, comptabilité, diplomatie, se trouvaient là en très-grande majorité. Une décision du conseil d'État était réellement déterminante.

L'empereur prenait plaisir à présider cette assemblée où sa haute intelligence lui donnait le premier rang. Ses vues étaient toujours claires, profondes, lucides ; il confondait des hommes les plus forts dans une matière, et surprenait par la rapidité avec laquelle il saisissait une question et la résolvait; tous, sans exception, baissaient pavillon devant lui. Le conseil d'État se composait de membres à vie et de conseillers temporaires. Un peu avant la fin de l'empire, tous furent conseillers à vie.

Le conseil d'État était, outre les conseillers *en service ordinaire*, divisé en deux autres classes: *Service ordinaire hors des sections* et *service extraordinaire*.

Le service ordinaire était divisé en cinq sections; celles de *législation*, de *l'intérieur*, des *finances*, de la *guerre*, de la *marine*; avec une annexe qui portait le titre de *office des relations extérieures*. Chaque section avait un président dont l'exercice n'était pas limité.

Le second degré du conseil d'État se composait des maîtres des requêtes en nombre indéterminé, mais très-borné. En 1813, on n'en comptait que dix en service ordinaire, c'est-à-dire assistant aux séances du conseil; il y en avait davantage en service extraordinaire.

La troisième classe du conseil d'État était formée des auditeurs, divisés eux-mêmes en trois classes.

Le costume du conseil d'État avait été d'abord brodé rouge sur rouge ; on le changea, et il devint bleu, brodé sur bleu, très-chargé de broderies et avec un manteau pour les deux premières classes. Les auditeurs avaient moins de broderies et pas de manteau.

Le corps législatif formait la troisième corporation de l'État. Il décrétait les lois sur la proposition qu'en faisaient les orateurs du conseil d'État, mais il ne discutait pas lui-même : son vote était silencieux. Les membres du corps légisslatif avaient un costume bleu foncé, brodé en argent.

Le tribunat préparait les lois, les discutait, et, quand il les avait acceptées, elles allaient au corps législatif. Son costume était bleu très-clair et argent.

L'empereur se fatigua bientôt de ses discours où respirait l'indépendance, et, un beau matin, il supprima le tribunat. Jamais acte ne fut plus inconstitutionnel ; mais il n'éprouva pas la moindre résistance : nul dans l'empire ne s'inquiéta si le tribunat était ou non nécessaire.

Les ministres étaient ceux, 1° de *la justice*. Le titulaire prenait le titre de *grand-juge*, et remplaçait l'ancien chancelier.

2° *Des finances.*

3° *De la marine et des colonies.*

4° *Des relations extérieures.*

5° *Du trésor impérial.*

6° *De la guerre.*

7° *Des cultes.*

8° *De l'intérieur.*

9° *De l'administration de la guerre.*

10° *De la police générale.*

11° *Des manufactures et du commerce.*

12° *Ministre, secrétaire d'État.*

Des préfets administraient les cent quarante-quatre départemens de l'empire, et les sous-préfets, les arrondissemens; un maire et des adjoints, les communes. Paris était la seule ville où il y eût plusieurs maires ; ils étaient au nombre de douze comme à présent.

Les grandes dignités de l'empire étaient :

1° Grand-électeur.

2° Connétable.

3° Archi-chancelier de l'empire.

4° Archi-trésorier.

5° Archi-chancelier d'État.

6° Grand-amiral.

7° Gouverneur-général des départemens au delà des Alpes.

8° Grande-duchesse de Toscane.

9° Vice-connétable.

10° Vice-grand-électeur.

Ces charges, en 1813, étaient possédées par Joseph, roi d'Espagne; Louis, roi de Hollande; duc de Parme (Cambacérès); duc de Plaisance (Le Brun); ces deux-ci qualifiés de prince ; le prince Eugène, vice-roi d'Italie; Murat, roi de Naples; le prince Borghèse; Berthier, prince de Neufchatel et de Wagram; M. de Talleyrand, prince de Bénévent.

Les grands officiers de l'empire étaient:

Les quinze maréchaux et les quatre sénateurs ayant ce rang.

Dix inspecteurs ou colonels généraux.

Les grands officiers civils de la couronne étaient:

1° Le grand-aumônier.

2° Le grand-maréchal du palais.

3° Le grand-chambellan.

4° Le grand-écuyer.

5° Le grand-veneur.

6° Le grand-maître des cérémonies,

Le grand-chancelier, le grand-trésorier de la Légion-d'Honneur avaient le rang et les prérogatives des grands officiers de l'empire.

CHAPITRE X.

Autant, sous la république, les mœurs avaient été désordonnées, autant, l'empire établi, elles prirent de gravité. J'ai dit à quel degré de discrédit était tombé le divorce; si la loi le permettait encore dans de certains cas, l'opinion y attachait une flétrissure plus efficace que l'interdiction légale. Les agioteurs se trouvaient relégués dans les rangs secondaires de la société; les concussions devenaient de plus en plus rares, et on n'en signalait plus guère qu'en matière de conscription. Quelques majors, quelques capitaines de recrutement, en furent accusés; mais ces exemples même furent tout-à-fait exceptionnels. Un ou deux préfets dans le Midi, et un seul secrétaire-général de préfecture furent aussi reconnus fauteurs de cette infamie; de promptes destitutions en firent justice.

Cette orgueilleuse chimère que l'on appelle la souveraineté du peuple avait disparu avec la niaise chimère d'une égalité absolue. Spontanément, sans efforts, par instinct, par conviction, chacun rendait un légitime tribut d'hommages au rang, à la fonction, à la dignité, à la charge, à la décoration. Jamais le clergé ne fut environné d'autant de respect et de vénération qu'à cette époque; nul n'eût osé insulter un prêtre, troubler une procession, interrompre une cérémonie pieuse; la religion gagnait en apparence; à mesure que l'empereur eût avancé en âge, elle aurait fait, grace à lui, des pas de géant.

Les cours impériales exerçaient une prépondérance presque égale à celle dont avaient joui les parlemens. Un premier président, un procureur-général étaient de hauts personnages; les autres membres de la compagnie étaient aussi environnés d'une grande considération. On commençait à rechercher la nouvelle noblesse, et l'on s'enorgueillissait de porter l'étoile de la Légion-d'Honneur.

A la cour, chez les membres de la famille impériale, et même chez les grands dignitaires, les ministres et les grands officiers de la couronne ou de la maison de l'empreeur, on ne se présentait plus qu'en habit habillé, de drap, de soie ou de velours, la veste glacée d'or ou d'argent, l'épée au côté, des manchettes, des jabots de dentelles, des boucles aux souliers : ceux-ci avaient parfois des talons rouges. Le chapeau était garni d'une plume noire ou blanche, selon le rang.

La culotte courte, les bas de soie, étaient de rigueur dans toutes les grandes maisons : chez les sénateurs, les conseillers d'État, les évêques, les généraux, les magistrats. Au train que prenaient les choses, il était facile de voir que la cour, la noblesse, et ceux qui voulaient en faire partie, adopteraient bientôt l'habit brodé dans tous les salons où l'on se piquerait d'appartenir à la haute société.

C'eût été un acheminement vers le retour de cette gravité de formes, de cette solennité qui aide si bien à maintenir le bon ordre; il se serait établi une bourgeoisie riche, éclairée, sage, occupée; elle aurait eu ses réunions, ses plaisirs en dehors de l'autre caste, et, par ce moyen; le peuple, n'ayant plus de point de contact avec une noblesse qui aurait cessé de se confondre avec elle, n'en eût plus été jaloux et lui eût au contraire voué des égards.

Napoléon tendait visiblement à reconstituer la France, à la ramener à un ordre de choses dont il avait compris l'importance et la nécessité; il voulait rétablir les parlemens, rendre à la noblesse des prérogatives honorifiques, sans lesquelles elle ne peut exister et ne sert à rien dans l'État.

C'est l'époque où j'ai vu le plus de fixité

dans les modes. Les femmes avaient adopté la disgracieuse taille longue ; elles la conservèrent même encore plusieurs années après la restauration ; les petits chapeaux furent aussi stables. Cette fixité prouvait moins de légèreté, moins de caprices dans l'esprit, et un retour à ces temps sages où la robe de la mère devenait la parure de la fille, et se métamorphosait en meuble à la troisième génération.

La coupe des habits, des gilets, des chapeaux des hommes, varia peu. La taille était longue, les pans longs aussi ; on portait peu de cannes, mais des badines ayant une cassolette dans la pomme ; les souliers, d'abord pointus, s'étaient insensiblement arrondis ; toujours une cravate blanche, à l'exception des militaires en uniforme. La culotte courte avait seule ses entrées dans les bals, dans les dîners d'apparat ; on n'eût pas osé paraître dans une maison où l'on recevait, à quelque rang qu'elle appartînt, avec une cravate noire ou de couleur, et en pantalon ; beaucoup d'hommes même n'en avaient point, tant l'usage en était peu fréquent. Point de chemises sans jabots ; le jabot était même un objet de luxe et d'élégance ; la redingote ne convenait qu'à la petite bourgeoisie et à l'ouvrier endimanché ; nulle part, le soir, chez un notaire, un avocat, un avoué ou un huissier, on n'eût osé se présenter sans un habit. L'étiquette gagnait de proche en proche et descendait dans toutes les classes.

Dans les lycées et les maisons d'éducation, les études devenaient fortes ; elles étaient principalement dirigées vers les sciences exactes. Les mathématiques formaient la base de toute éducation. L'empereur les aimait et traitait avec une faveur marquée ceux qui s'y adonnaient. Les sénateurs Monge, Lagrange, Laplace, auraient pu passer pour ses favoris, si le favoritisme eût été possible avec un tel homme. Il avait confié la charge de grand-chancelier de la Légion-d'Honneur à un savant illustre, à Lacépède ; et ce fut lui qui reconnut le premier dans Fourcroy et Cuvier une grande aptitude aux travaux d'administration, en même temps qu'une incontestable supériorité dans les sciences.

M. de Fontanes, dont le bonheur avait fait la réputation européenne, fut placé à la tête de l'Université, avec le titre de *grand-maître*. M. de Villaret, évêque de Casal, en était le *chancelier*. Le chevalier Delambre, savant d'un grand mérite, le *trésorier*. Le *conseil* était composé de MM. de Beausset, ancien évêque d'Alais, depuis duc et cardinal, auteur des vies de Bossuet et de Fénelon, comme j'ai dit déjà, et l'une des lumières de l'église; le chevalier Nougarède, l'abbé Fayet, l'ancien abbé Desrenaudes qui passa long-temps pour être le rédacteur confidentiel de M. de Talleyrand; de Lamalle, le vicomte de Bonald, Bresson, Cuvier, de Jussieu, Legendre, Gueroult, tous hommes supérieurs, renommés par leur esprit, leur savoir et leur haute intelligence. Les inspecteurs généraux, les conseillers ordinaires, furent également pris parmi les sommités de la science; jamais corps ne fut plus respectable et ne mérita autant de vénération. La composition des académies fut faite avec le même soin.

L'administration directe, les préfets que l'on choisit parmi les hommes marquans de l'époque, les sous-préfets pris en général sur les lieux, et la plupart signalés par leur mérite; les maires appartenant toujours à la notabilité de la commune ne devaient rien à la faveur.

Une liste des notables, parmi lesquels on choisissait les électeurs, fut dressée dans chaque département. L'empereur se proposait un jour de les anoblir en masse; c'est ce qu'il dit à Cambacérès à qui je l'ai entendu répéter. Ces notables étaient la pépinière où le gouvernement puisait les fonctionnaires et les employés; on cherchait toujours le plus recommandable : aussi était-il bien rare qu'un choix fait par le gouvernement ne reçût pas l'approbation du pays.

A l'exemple de Paris, qu'elles ont toujours suivi de près, les provinces furent entraînées par le mouvement régénérateur de la capitale. Après la chute de la Terreur, on avait salué dans toutes les villes le retour d'une sage liberté; les communications, devenues chaque jour plus fréquentes entre les diverses parties de l'empire et la ville centrale, effacèrent les différences, et la province peu à peu ressembla à Paris. On s'y livra aux plaisirs avec une sorte de fureur. Le jeu, la danse, la bonne chère, la galanterie, provoquèrent d'abord des dépenses folles et la ruine de nombre de familles. Mais, lorsqu'on connut la manière de voir du souverain, on se modela sur ses habitudes. Les dépenses furent moins exagérées, surtout celles qui attirent le blâme. On délaissa les tapis verts, on vécut plus dans l'intimité de la famille, et l'on vit alors des fortunes ébréchées par la révolution se relever par l'économie et une bonne administration.

Tous les jeunes gens prirent du goût pour la carrière des armes; les épaulettes de sous-lieutenant faisaient tourner ces jeunes têtes, dont d'ailleurs la conduite en masse fut irréprochable. Nos jeunes officiers, que l'oisiveté de la guerre n'amollissait pas, devenaient, en avançant en âge, des pères de famille excellens; ils avaient l'esprit d'ordre, l'habitude de l'économie, ayant été souvent obligés à vivre de privations.

Ces officiers faisaient en général très-peu de dettes, ou bien ils les payaient lorsqu'à la fin d'une campagne, ils touchaient l'arriéré de leur solde. Très-peu de plaintes sur ce point arrivaient au ministère de la guerre ; car on savait que, sur le chapitre des dettes, l'empereur était très-sévère. Ils avaient tous pour lui une vénération, une crainte de lui être signalés, qui contribuait plus efficacement au maintien de la discipline et à l'observation d'une conduite régulière, que n'aurait pu le faire la perspective de peines rigoureuses.

Francs, sincères, probes, loyaux, ils avaient pour Napoléon un sentiment d'idolâtrie qu'ils n'ont pas perdu ; ils le conservent encore, mais à lui seul de sa famille ; ils n'ont plus que la religion d'un souvenir, et jamais ils ne prononcent son nom sans un battement de cœur.

Napoléon imprimait à tous ses alentours la sévérité de ses formes ; il tenait à ce que sa famille ne fît rien de ce qui pourrait la rabaisser, même indirectement. Et puisque, dans ce moment, je laisse errer mes souvenirs sans ordre et sans suite dans le passé, je rappellerai une circonstance où, dans sa propre famille, Napoléon donna une leçon de respect de soi-même.

Son frère Lucien occupait auprès de Neuilly la Folie-Saint-James. C'était sous le consulat. Lucien avait la manie de la déclamation, et je tiens de mademoiselle Raucourt qu'il était dans cet art difficile un des amateurs les plus distingués qu'elle eût entendus ; elle le trouvait même supérieur aux acteurs de profession, à très-peu d'exceptions près. A Neuilly donc, endoctrinés par Talma, Lucien et sa sœur Élisa jouaient la tragédie.

Depuis long-temps le premier consul en était informé; mais il lui répugnait d'assister à ce spectacle quoiqu'il permît que l'on jouât souvent la comédie à la Malmaison. Un jour cependant il se détermina à se rendre en famille au théâtre de Neuilly, où il vit son frère et sa sœur dans les rôles de Zamore et d'Alzire de la tragédie de Voltaire.

Les costumes péruviens avaient été exactement copiés par un homme de goût; ils étaient donc très-écourtés. En vain des pantalons, des vestes couleur de chair couvraient le nu : Napoléon, à l'aspect de son frère et de sa sœur ainsi équipés, manifesta un mécontentement qui alla en augmentant dans le cours de la représentation. La chaleur de l'action scénique lui déplut à un tel point, que, ne pouvant plus y tenir, il sortit et rentra dans le salon, disant à Bourienne qu'il ne permettrait pas à d'aussi proches parens de se donner en spectacle et de se déshonorer par une pantomime et un débit scandaleux.

Lucien, ne se doutant pas qu'il eût provoqué l'orage, se déshabillait tranquillement; il revint bientôt vêtu en habit de ville auprès du premier consul, s'attendant peut-être à recevoir des complimens. Dès qu'il l'aperçut, Napoléon l'appela, et, lui adressant la parole d'un ton brusque :

—Est-il possible que vous vous dégradiez ainsi? Quoi! vous, sénateur, vous, ambassadeur, à une lieue de Paris, en présence d'une foule de spectateurs qui en feront des gorges chaudes, vous allez vous déguiser en matamores indiens! Quelle indécence! mon frère, ma sœur, se montrer à demi nus comme des saltimbanques! Cela ne sera point. Je saurai bien vous contraindre à vous respecter vous-mêmes. J'entends que de pareilles jongleries ne se renouvellent pas ; je vous interdis toute représentation scénique, aussi bien à mes sœurs qu'à Louis, à Murat et à vous. Si Bacciocchi en eût fait autant, le soir même je l'aurais envoyé coucher à la Force!

— A la bonne heure! répondit Lucien, faites tout ce qu'il vous plaira de Bacciocchi, il s'y soumettra sans mot dire; mais moi qui n'ai point abdiqué mon indépendance; moi qui, comme citoyen français, suis libre, je trouve très-étrange que vous prétendiez me régenter comme un écolier. Chez moi, dans mon intérieur, j'entends jouir de mon droit de citoyen.

— Vous avez tort, repartit Napoléon, de croire que vous êtes comme le premier bourgeois sur lequel on mettrait la main; vous êtes mon frère, et, à ce titre, soumis à une représentation d'étiquette. Pensez-vous que, lorsque le premier magistrat de la république se gêne, se contraint, pour arriver au rétablissement des bonnes mœurs, il vous sera libre de détruire mon œuvre en vous livrant à un indigne cabotinage? Non, certes!

La colère poussa le premier consul loin de la vérité; il exagérait. Peut-être la princesse Élisa aurait-elle dû se dispenser de jouer un rôle où les règles de la bienséance austère sont mal observées; mais son frère, le sénateur Lucien, pouvait sans crime se divertir dans sa maison de campagne.

Il résulta de cette querelle que la princesse Élisa renonça tout de suite à cette récréation agréable et instructive, se montrant soumise à la volonté et aux calculs du premier consul.

Celui-ci a toujours caché ses faiblesses, ainsi que je l'ai dit; on a raconté beaucoup d'histoires sur ses premières passions. Un roman indécent, qui n'apprenait rien à l'histoire, et dont les bonnes mœurs ne pouvaient que s'offenser, *les Amours de Napoléon Bonaparte*, ne contient que des aventures mensongères. Madame Gazzani, madame la comtesse....., la séduisante madame

Fourés, connue sous le sobriquet de *Bellilote*, tant elle était charmante; la superbe femme d'un receveur-général, madame........; la chaste moitié d'un grand général, furent celles dont la malignité publique s'occupa. J'oublie la belle Éléonore R......, dont le premier mari subit une punition infamante. On a nommé en outre plusieurs actrices : mesdemoiselles B......, Mezeray, Ge......, Vey..., Ma..., furent les principales; mais elles ne furent l'objet que de goûts passagers, de véritables caprices.

Jamais il ne voulut permettre que les courtisans révélassent ses faiblesses en accusant celles qui en étaient les objets; il les retint toujours dans une obscurité profonde dont il ne fit même pas sortir la belle et noble polonaise, comtesse V......, et qui néanmoins en eût été plus digne. Jamais il n'immola ses femmes légitimes à ses caprices passagers. Mécontent de Joséphine, surtout à son retour d'Égypte où tant d'intrigues avaient été tramées pour les brouiller ensemble, il recula devant une conduite privée que le public aurait pu connaître, et qui, pour lui, serait devenue un exemple fâcheux.

Tout me porte à croire qu'il a ignoré jusqu'à l'île d'Elbe que l'imprudente princesse Borghèse avait posé comme modèle dans l'atelier de l'illustre sculpteur Canova qui la modela d'après nature, la représenta presque nue et fit d'après elle son chef-d'œuvre. Aujourd'hui une foule de faits sont tombés, pour ainsi dire, dans le domaine public, que très-peu de personnes connaissaient sous l'empire et dont on ne se parlait qu'à l'oreille, de sorte que l'empereur lui-même ignorait beaucoup de choses qu'il n'a pu apprendre qu'après sa chute. S'il eût su l'*aventure* de la statue de sa sœur, il l'eût fait briser en morceaux. Quant à sa propre statue, du même artiste qui lui avait donné la nudité antique en le déifiant, voici ce qui arriva.

Canova avait représenté Napoléon dans l'attitude du dieu Mars, tenant dans une de ses mains une statuette de la Victoire. Cette figure, entièrement nue, ayant onze pieds de haut, était d'un admirable travail. Quand elle fut terminée, on l'envoya à Paris où elle arriva en 1811. Par les soins de M. Denon, directeur des musées impériaux, elle fut placée dans une des salles basses du Louvre ; pour mieux faire ressortir la blancheur du marbre et lui donner une teinte vivifiante, on avait eu le soin de faire tendre la salle en draperies rouges.

Ces préparatifs achevés, M. Denon prévint l'empereur qui s'empressa de venir voir le nouveau chef-d'œuvre de Canova. A peine entré, l'empereur recula d'horreur : « Quelle est cette insolence ! s'écria-t-il en s'adressant à M. Denon ; comment a-t-on eu l'impudence de me représenter, moi, de la sorte; il ne faut jamais sacrifier les convenances à l'art. Je n'entends pas que cette image soit jamais mise sous les yeux du public ! Comment ! on m'exposerait à ce qu'une fille chaste n'osât plus regarder sur son empereur. Que dirait-on dans les familles honnêtes dont la pudeur serait justement alarmée ? Canova s'est trompé ; la beauté de son travail disparaît devant son indignité. Je veux bien ne pas faire détruire cette *saloperie*, mais vous la cacherez sous un voile ; je défends qu'on la montre à qui que ce soit, et je ne veux pas qu'à l'avenir, il en soit dit un seul mot dans les journaux. ».

Canova apprit avec une sorte de rage le jugement de l'empereur ; et il en conçut pour sa majesté une inimitié que sa prudence seule dissimula jusqu'au moment où elle put éclater sans danger. Canova avait commis une faute grave; malgré son génie d'artiste, il n'avait pas compris la haute raison de l'empereur. Il était absurde autant qu'indécent de donner à l'effigie d'un souverain moderne, d'un homme vivant, cette nudité classique que l'antiquité donnait comme une apothéose à ses héros et à ses empereurs, pour les assimiler à ses dieux.

De son côté, Napoléon ne pardonna point à l'artiste d'avoir manqué de convenance à un si haut degré. Plus il allait en avant dans la vie, plus il se montrait scrupuleux et grave dans sa conduite et dans son caractère. Il n'aimait plus, pour ainsi dire, que les choses grandes, élevées, magnanimes, et, par dessus tout, honnêtes. Je me rappelle à cette occasion un fait que j'ai entendu raconter à l'empereur et que je rapporterai ici.

Ce fut à Saint-Cloud, dans le salon de l'impératrice où Napoléon venait de temps en temps prendre quelques instans de délassement, qu'il nous raconta le trait suivant, si honorable pour un prélat espagnol, d'origine française, M. Despuyg, archevêque de Séville, lequel était, depuis longues années, intimement lié avec une des lumières de l'église française, le cardinal de Bayane. Le fait d'ailleurs doit être connu des héritiers de M. de Bayane encore actuellement existans.

Avant 1789, ces deux prélats étaient à Rome, simples abbés et auditeurs de Rote ; mais ils y menaient une existence bien différente; le Français jouissait de deux cent mille livres de rente dont il faisait le plus honorable usage; l'Espagnol au contraire était un pauvre Hidalgo, mal payé de son traitement et vivant de la manière la plus mesquine. Du reste il jouissait de la meilleure renommée, tant sous le rapport de l'application à l'étude et de la science, que pour sa conduite exemplaire. Le bruit de cette renommée arriva jusqu'aux oreilles du roi Charles III, qui régnait encore en Espagne.

Ce monarque aimait les hommes de bien; cherchant surtout à n'appeler à l'épiscopat que des sujets distingués, il tenait une note des prêtres espagnols à avancer........ Un beau jour, l'humble abbé Despuy reçoit une cédule royale qui le nomme au splendide évêché de Séville, doté de huit cent mille livres de rente, et cela au moment où, goutteux et malingre, il avait de la peine à joindre les deux bouts. Son premier mouvement fut de remercier Dieu; puis il alla trouver son ami Bayane et lui révéla en même temps son bonheur et son embarras. Il lui faut payer ses bulles dont la taxe s'élève à une somme énorme; de plus, le premier sou lui manque pour monter sa maison et compléter son établissement.

— Cela vous embarrasse, dit l'abbé de Bayane, laissez-moi faire; je suis Normand par mon abbaye, Gascon par celle de Conques, Dauphinois de naissance; il y aurait du malheur si, avec ces trois qualités, je ne vous sauvais pas.

Les deux amis s'étant alors quittés, l'abbé de Bayane alla voir le cardinal de Bernis et le cardinal neveu, le prince Braschi. Il parle, prêche, sollicite et obtient la remise des deux tiers de la bulle; puis il se fait avancer par un banquier une somme assez considérable pour permettre au nouvel archevêque d'aller prendre possession de son siége qui le fit appeler au cardinalat en 1803.

Il partit et entretint avec M. de Bayane une correspondance qui se refroidit en peu de temps, distrait sans doute par les travaux de sa vie apostolique. La révolution française entraîna avec elle la ruine du clergé français qui tomba tout à coup dans une misère complète, affreuse, et sans espérance présumable d'un meilleur sort.

Le banquier Torlonia passe un matin chez l'abbé de Bayane; c'était en 1792; il le prévient qu'il a à son ordre une lettre de change de cent mille écus dont les fonds sont faits par monseigneur Despuyg, archevêque de Séville, et qu'il est prêt à lui en verser le montant. M. de Bayane, touché d'une action si généreuse, faite avec tant de grace et sous la forme d'une restitution, se hâte d'écrire à son ami que, quoique ruiné par les événemens de la France, il lui restait une fortune suffisante pour vivre sans rien dérober aux pauvres de Séville et aux prêtres français expatriés de ce que leur prodiguait la charité du prélat; qu'en conséquence, il lui renvoie la lettre de change, lui promettant que, si de nouveaux coups de la Providence le frappaient, il ne balancerait pas à recourir à sa générosité.

Nouvelle réponse de l'archevêque; il se plaint d'un refus amer à son amitié, et il ajoute qu'afin d'être toujours en mesure de venir à l'aide de l'abbé de Bayane qui exagère la délicatesse, il dépose chez le banquier Torlonia les cent mille écus, afin que son ami puisse, quand il en aura besoin, les y reprendre.

Ils y restèrent en effet jusqu'à la nomination du cardinalat de M. de Bayane, qui eut lieu en 1803. Alors, sur une nouvelle offre de

M. Despuyg, un dernier refus, motivé sur une grande augmentation de fortune, détermina ce noble prélat à retirer ses fonds qui avaient été déposés à Cadix, je ne sais pourquoi.

Nous trouvâmes ce trait bien glorieux pour les deux amis, et on tomba d'accord que, s'il est rare qu'on fasse un don de trois cent mille francs, il est encore plus rare qu'ils soient refusés par celui à qui on les propose. L'empereur avoua que la connaissance de cette générosité réciproque avait beaucoup influé sur la bonne réception qu'il fit aux deux cardinaux.

Jamais aucun souverain n'a été constant en amitié au même degré que Napoléon, et bien peu d'hommes l'ont approché dans ce genre de constance souvent bien difficile. Il suffit de lire les *Mémoires de Bourienne*, malgré les efforts de l'auteur afin de se montrer sous un jour moins désavantageux et les tortueuses explications de sa conduite, pour reconnaître combien il fallut à Napoléon de patience et de mansuétude pour supporter aussi long-temps les incartades, les tours de passe-passe de ce secrétaire qui se croyait associé aux grandes idées de son chef, parce que sa plume, prodigieusement rapide, avait le mérite de les écrire sous sa dictée. Les bontés persévérantes de l'empereur avec M. de Bourienne n'ont servi, comme on les explique, qu'à faire ressortir les torts de ce dernier et la longanimité du maître. Enfin, ne pouvant plus le conserver auprès de lui, Napoléon lui donna à Hambourg un exil doré, et l'on sait assez comment l'ingrat s'entoura d'un faste qui défiait celui de l'empereur lui-même. Selon les bruits publics, M. de Bourienne a absorbé dans sa vie vingt-trois millions. Il est mort dans la misère, et, en pareil cas, la pauvreté finale d'un homme prouve peut-être encore plus contre sa moralité, qu'un enrichissement trop rapide.

Certes je n'établirai point de comparaison entre M. de Bourienne et un autre favori de Napoléon, le brave général Junot; celui-ci avait reçu, comme disait l'empereur, *le baptême de sang* qui, à ses yeux, remettait beaucoup de péchés. Cependant la carrière de Junot ne fut pas entièrement irréprochable : il fut du nombre de ceux qui ne firent point aimer l'empire, par suite d'une arrogance qui semblait se dédommager du passé. L'empereur le récompensa au delà de ses mérites d'une fidélité à toute épreuve, et lui conserva une grande autorité jusqu'au moment où une maladie cruelle vint altérer la raison de son ancien premier aide-de-camp.

Sa conduite envers Marmont fut admirable autant que généreuse; il consola ce guerrier malheureux; il le revêtit à trente-quatre ans de l'immense dignité de *maréchal d'empire;* et, comme le dit depuis le duc de Raguse, *c'était bien autre chose que la dignité de maréchal de France.* Savari abandonna Napoléon en 1814, et qu'est-ce que l'empereur n'avait pas fait pour ce favori dont la fortune fut un épouvantail? Junot, il faut rendre cette justice à sa mémoire, n'était pas du moins d'un caractère à abandonner son général. S'il y eut entre ces hommes et Napoléon des fautes d'amitié, certes elles ne furent pas du côté de l'empereur.

Lannes prenait dans son attachement à Napoléon le droit de lui tout dire, et ce droit, il en usait largement. Lannes ne put se plier aux souplesses nécessaires d'une cour; il demeura quand même l'ami de Napoléon, sans que l'empereur, quoi que l'on ait dit, lui ait jamais manifesté aucun mécontentement d'une héroïque familiarité. A coup sûr, cela ne plaisait pas à l'empereur, il craignait la contagion de l'exemple; mais il supportait tout de la part d'un ancien compagnon d'armes, à l'exception toutefois du tutoiement devenu incompatible avec la majesté souveraine, et encore Napoléon n'agit-il que par voies d'insinuation pour l'en dissuader. Qui reconnaîtrait dans ces formes douces, caressantes, l'homme terrible qui faisait trembler le monde entier? Il souffrait de Lannes ce qu'un simple particulier n'aurait pas souffert de son égal, de son parent.

Duroc fut l'objet aussi de cette tendresse vraie, profondément sentie, sans tiédeur, sans relâchement; il conserva jusqu'à l'heure de sa mort un pouvoir, une suprématie, une prépondérance

dont on ne peut se faire maintenant une idée.
Il n'en abusait assurément pas ; mais Duroc,
entr'eux deux, était le véritable dominateur ;
il emportait, à l'aide de la réflexion, le lendemain, ce qui lui avait été opiniâtrement refusé
la veille. Napoléon le comblait de toutes ma-
nières et croyait n'avoir jamais assez fait pour lui.
« *Berthier, est ma femme de campagne,* » disait
Napoléon, quand il voulait expliquer la fasci-
nation qui l'identifiait en quelque sorte avec
lui; nos querelles, pousuivait-il, sont des querelles de ménages ; mais c'est entre nous à la
vie et à la mort.

Napoléon, on peut l'assurer, poussa trop loin
son amitié pour Berthier; il lui fit une réputation fort au dessus de son mérite, et il n'y avait
pas un maréchal d'empire qui ne sût combien
Berthier était un homme ordinaire [1]; plusieurs
fois l'empereur prit sur sa propre gloire pour

---

[1] Je crois pouvoir indiquer une cause de l'éloge que Napoléon fit, en diverses circonstances, des talens de Berthier.
Sous le consulat, le premier consul ne pouvait pas commander en chef, au moins nominativement. Quand donc

en couvrir Berthier. Les personnes qui connaissaient le major-général s'étonnaient de cette inconcevable prédilection; elle provenait surtout de ce que Napoléon croyait à la sincérité de l'attachement et du dévoûment de Berthier à sa personne. Quoiqu'une trop longue énumération de titres honorifiques, de charges et de dignités, soit ordinairement une chose fastidieuse, je demanderai la permission de donner ici la liste de ceux que l'empereur accumula sur Berthier, sans compter des dons plus solides qui dépassèrent la somme exorbitante de *quarante millions*, ainsi que Napoléon l'a dit lui-même.

Il le fit successivement ministre de la guerre, maréchal d'empire, vice-connétable, major-général de la grande armée, membre du conseil privé, ambassadeur, ministre plénipotentiaire, prince souverain de Neufchâtel, comte souverain

---

le premier consul, au commencement de son règne consulaire, entreprit la dernière campagne d'Italie, couronnée par les immenses avantages recueillis à Marengo, il donna ostensiblement à Berthier le commandement en chef de l'armée. Peut-être Napoléon tint-il à honneur, par la suite, de couvrir la nullité de son *homme de paille*.

de Wallengein, prince de Wagram, grand-aigle de la Légion-d'Honneur, grand' croix de la Couronne de Fer, grand' croix de l'ordre de la Réunion ¹; il lui permit d'accepter les ordres étrangers de l'Aigle-Noir de Prusse, de Saint-Hubert de Bavière, et de l'ordre militaire de ce royaume; de Saint-André de Russie, de l'Aigle d'Or de Wurtemberg, de la couronne de Saxe et de Henri; de la fidélité de Bade, de l'ordre de Westphalie, du grand-duc de Hesse, de Saint-Joseph de Wurtzbourg, de Saint-Étienne de Hongrie, etc., etc., etc. Il lui fit épouser une princesse de Bavière; enfin, après Napoléon, le premier sans doute était Berthier. Il assista au divorce, au second ma-

---

¹ Lorsque Louis Bonaparte fut créé roi de Hollande, il fonda l'ordre de l'Union pour rappeler aux Hollandais l'ancienne dénomination de *Provinces-Unies* qu'avait eue leur territoire. En réunissant la Hollande à l'empire, l'empereur conserva l'ordre fondé par son frère, et ne fit qu'une variante à sa dénomination en l'appelant l'ordre de la Réunion. Napoléon en décora les curés des douze principales paroisses de Paris, à l'occasion de la naissance du roi de Rome.

riage, seul avec M. de Talleyrand; il s'assit au banquet des rois.

Tant de faveurs, tant d'amitié, tant de bienfaits, ne purent porter Berthier à la reconnaissance; il aurait dû suivre Napoléon à l'île d'Elbe: il l'abandonna au plus vite à Fontainebleau. A entendre Savary dans ses Mémoires, Berthier, à ce dernier moment, et de concert avec d'autres maréchaux, aurait conspiré contre la vie de son maître : c'est une calomnie, sans doute; il serait trop cruel de croire à ce degré d'abjection. Pour moi, je n'y crois point.

Ce qu'il y a de certain, c'est qu'après avoir promis à Napoléon de ne jamais le quitter, il lui demanda la permission d'aller à Paris pour y régler ses affaires, et qu'il ne reparut plus. Au reste, Berthier ne trompa pas celui qu'il délaissait. Napoléon, quand Berthier sortit, dit en le montrant du doigt à ceux qui ne l'avaient pas encore abandonné :

—Voyez cet homme qui s'en va; je l'ai comblé de bienfaits, il court se salir; et, quoi qu'il m'ait dit, il ne reparaîtra plus ici.

L'empereur le connaissait bien.

Les alliés punirent cruellement ce malheureux de son infidélité : ils le jetèrent du haut d'une fenêtre, renouvelant pour lui le supplice de Jézabel.

Les dons que, de sa prison de Sainte-Hélène, Napoléon a répandus sur tant d'anciens serviteurs, constatent victorieusement tout ce que j'ai dit de sa générosité et du besoin qu'il avait d'être aimé.

Que ne fit-il pas pour se maintenir dans les bonnes graces de Moreau? de combien de présens ne paya-t-il pas magnifiquement les conseils diplomatiques du prince de Talleyrand? Deux fois il lui pardonna des projets de rebellion, et il montra la même indulgence pour le duc d'Otrante. Celui-ci tramait toujours d'arrières complots, et se montrait infatigable à lasser la clémence de son souverain.

A l'époque de la campagne d'Autriche, en 1805, et avant le gain de la bataille d'Austerlitz, Fouché, persuadé que l'empereur succomberait sous les efforts des Russes et des Allemands, chercha à gagner des suffrages pour porter au trône, en cas de défaite, un illustre guerrier pourvu aujourd'hui d'une noble couronne mieux acquise.

Le prince de Talleyrand, au retour de sa majesté, lui mit sous les yeux des preuves tellement convaincantes de cette manœuvre, que le duc d'Otrante, appelé, ne put que balbutier une justification insuffisante. Il s'embrouillait, il se coupait.

—En voilà trop, dit l'empereur, vous êtes convaincu, malgré votre habileté, et néanmoins vous manquerez au châtiment qui vous est si bien dû.... Il y a des hommes qui résistent à leur destinée; vous, par exemple, depuis vingt ans, frisez l'échafaud sans y monter. Depuis dix ans j'affronte les boulets, et ils m'ont respecté; un demi-siècle encore je les affronterais qu'ils ne m'atteindraient pas davantage....... Retirez-vous.

Fouché, plus mort que vif, rentra au ministère, et là il écrivit sa démission qu'il envoya à l'empereur; Napoléon lui fit répondre de venir le lendemain de grand matin. Fouché, à six heures du matin, était aux Tuileries, attendant qu'on l'appelât. Son tour vint. Il entra, et aussitôt remit son porte-feuille sur le bureau.

— Qu'est-ce? dit l'empereur, vous craignez votre disgrace, vous voulez me gagner de vitesse? reprenez vos fonctions : c'est une spécialité que vous entendez à merveille. Je vous ferai surveiller : cela me suffira; tenez-vous pour bien averti, et, quand il me plaira de vous châtier, vous n'aurez pas le temps de vous mettre à couvert; je tomberai sur vous à l'improviste.

L'archichancelier, instruit de l'affaire, ne put s'empêcher de manifester la surprise que lui causa son issue.

—Mieux vaut que ce soit lui, qu'un traître nouveau; cet homme est la révolution incarnée : je l'étudie en lui, et par là il me devient profitable. Prince, on n'apprend rien d'utile avec les honnêtes gens; les méchans seuls peuvent nous éclairer, il suffit de se garer d'eux.

Outre le trône que Napoléon fonda en France sur les ruines de la république, et que successivement il accrut :

1° Du Piémont.

2° De l'État de Gênes.

3° De la Toscane.

4° De Genève.

5° De la Hollande.

6° Des provinces anséatiques.

7° De la partie de l'Espagne en deçà de l'Èbre.

8° Des États romains.

Il créa :

1° **Le royaume d'Étrurie.**

2° **Celui d'Italie.**

3° **Celui de Saxe.**

4° **Celui de Hollande.**

5° **Celui de Bavière.**

6° **Celui de Wurtemberg.**

7° Celui de Westphalie.

8° Le grand duché de Varsovie.

9° La principauté de Lucques et de Piombino.

10° Les Etats du prince primat.

11° Le duché de Berg et de Clèves.

Il donna :

1° Le royaume de Naples deux fois.

2° Le royaume des Espagnes.

3° Il occupa, sans en disposer, le royaume de Portugal.

4° La principauté de Bénévent.

5° Celle de Neufchâtel.

6° Celle de Ponte-Corvo.

Il fit disparaître :

1° La république de Venise.

2° Le duché de Modène.

3° Le duché de Parme.

4° La république cisalpine.

5° Celle de Raguse.

6° Celle de Lucques.

7° Celle de Gênes.

8° La Toscane devenue Étrurie.

9° L'Étrurie redevenue Toscane.

10° Les États du pape.

11° La partie continentale du royaume des Deux-Siciles.

12° Tous les princes immédiats d'Allemagne.

13° La république batave, et plus tard le royaume de Hollande.

14° L'électorat de Hesse.

15° Le duché de Brunswick.

16° Les villes anséatiques.

17° Le royaume de Portugal.

18° Le Piémont.

19° La principauté d'Oldenbourg.

Il avait pour grands vassaux de sa couronne les rois :

1° D'Italie.

2° De Naples.

3° De Bavière.

4° D'Espagne.

5° De Saxe.

6° De Wurtemberg.

7° De Westphalie.

8° Le prince primat, qualifié d'altesse royale.

9° Le grand-duc de Bade.

10° Tous les princes de la confédération du Rhin.

11° La grande-duchesse de Toscane.

12° Le gouverneur-général du Piémont.

13° Le duc de Berg et de Clèves.

Cette rapide énumération de tant de changemens, de tant de bouleversemens survenus en Europe par la seule volonté de Napoléon, en l'espace de moins de quatorze années, donne une idée plus exacte de sa domination, que ne le ferait le récit détaillé de ses conquêtes. Je n'ai voulu présenter ici que des résultats incontestables, par la raison que c'est la seule chose que l'on ne puisse pas contester. Et cependant, tandis que d'une main — qu'on me passe cette expression — il pétrissait l'Europe pour lui donner une forme nouvelle, il remettait tout en place dans l'intérieur de l'empire.

On l'a accusé de cruauté et de tyrannie : jamais homme ne fut moins cruel que Napoléon. A Schœnbrünn, n'a-t-il pas en effet supplié, en quelque sorte, Staps de lui demander sa grace, et n'a-t-il pas donné la vie à la Sabla? Tous deux cependant avaient formé le dessein d'attenter à ses jours, et presque exécuté leur horrible projet.

L'accusation de tyrannie contre Napoléon n'est pas plus fondée que l'accusation de cruauté.

En quoi, en effet, pourrait-on dire que Napoléon ait été un tyran? Serait-ce à cause des prisonniers d'État enfermés sous son règne? On les comptait par dixaines de milliers au 18 brumaire : il ne s'en trouva pas deux cents au mois d'avril 1814. Deux choses sous son règne ont été marquées au coin d'un arbitraire inexcusable : la mort du libraire Palm, en Allemagne, et, en France, l'accaparement, ou, pour mieux dire, la confiscation sans cause du *Journal de l'Empire*, sous le seul prétexte que cette propriété littéraire rapportait trop à l'un ou à plusieurs de ses fondateurs. Ce fut un blâmable abus du pouvoir, et j'en gémis plus qu'aucun autre, étant lié, comme on l'a vu précédemment, avec les principaux rédacteurs de ce journal demeuré, au milieu de tant de vicissitudes, le premier des journaux de France, et peut-être d'Europe, par un mérite en dehors de l'opinion qu'il représente. Le *Journal de l'Empire* a su, dans le temps, si l'empereur savait faire respecter la liberté des opinions littéraires. L'homme honorable qui en a depuis si long-temps la haute direction ne peut avoir oublié ce qui se passa lors de la première représentation des *deux Gendres*, comédie de M. Étienne ; et, puisque le caprice de ma plume m'a ramené à ce sujet, je raconterai en peu de mots ce que la génération actuelle ne sait peut-être pas.

M. Étienne était le favori *littéraire* du duc de

Rovigo, homme d'infiniment d'esprit, doué du génie de *l'arrangement*, mais non point du génie qui invente : des contes de Perrault, des contes de Lafontaine sont devenus sous sa plume de délicieux opéras-comiques; on ne peut avoir vécu à Paris, sous l'empire, sans se rappeler le succès de fureur qu'obtint *Cendrillon* au théâtre Feydeau, opéra dans lequel, soit dit en passant, joua Alexandrine Saint-Aubin qui, pour les vieux amateurs, ressuscita pour quelques années l'incomparable talent de sa mère. Dans cet ouvrage, comme dans beaucoup d'autres, tels que *Joconde*, et, depuis, *le Rossignol* et *la Lampe merveilleuse*, M. Étienne ne s'empara que d'un canevas, que d'une idée qu'il féconda avec un goût exquis; mais il n'en fut pas de même de sa comédie des *Deux Gendres*. Des fureteurs littéraires allèrent fort indiscrètement déterrer une certaine vieille pièce de jésuite intitulée *Conaxa*, et tout soudain la critique presque en masse de crier au plagiat. La similitude était telle en effet, qu'à moins d'un miracle, l'auteur nouveau devait avoir eu nécessairement connaissance de l'œuvre de l'auteur ancien; plusieurs vers mêmes étaient identiques dans les deux ouvrages.

Or, à l'époque de la représentation des *Deux Gendres*, M. Étienne tenait au ministère de la police générale le sceptre de la censure dont relevaient également les théâtres et les journaux. Par l'organe de Geoffroy, le *Journal de l'Empire* fut un de ceux qui exhumèrent des premiers l'œuvre du malencontreux jésuite ; imprévoyant des idées libérales dont il aurait un jour la conviction, et de son futur amour pour toutes les libertés, l'auteur-censeur se dédoubla, et le censeur, voulant prendre fait et cause pour l'auteur, le *Journal de l'Empire* fut vertement admonesté pour qu'il eût à soumettre ses feuilletons impertinens aux rectifications censoriales. Tout ceci fit grand bruit dans Paris. Geoffroy ne voulut point se soumettre, et alla confier à l'archichancelier les entraves que l'on voulait mettre à la libre allure de sa plume. Cambacérès en parla à l'empereur, et un ordre formel, émané de lui, interdit aux bureaux du duc de Rovigo toute espèce de censure sur les feuilletons de Geoffroy. Voilà un acte de la tyrannie impériale et de la haine de Napoléon pour la liberté des écrivains.

Sous l'empire, il existait encore une liberté qu'une insolente horde de claqueurs à gages a anéantie depuis : c'était la liberté des sifflets. Avec quel fracas sont tombées des pièces de théâtre, sans que la police ait pris fait et cause pour l'auteur. J'en atteste la tragédie de *Pierre-le-Grand*, de Carion-Nisas, un de ceux dont j'aurais dû citer le nom quand j'ai parlé des célébrités littéraires de l'empire. Malgré la chute on ne peut plus violente de sa tragédie, c'était un homme d'un vrai mérite, qui supporta en philosophe la disgrace de sa muse. Il n'en était pas de même de M. Lemercier qui, croyant avoir à se plaindre de la malveillance du parterre, voulut, dans une préface, *juger ses juges* et *siffler les sifflets*. Je ne sais plus de quelle pièce il s'agissait, car malheureusement plusieurs des ouvrages de M. Lemercier éprouvèrent le même sort ; je crois cependant qu'il s'agissait d'*Isule et Orovèse*. Mais ce que j'oserai appeler le triomphe des chutes, ce fut celle de *Christophe Co-*

lomb à l'Odéon que l'on appelait le théâtre de l'impératrice. La pièce commença assez bien ; le bâtiment sur lequel était concentrée toute l'action vogua à pleines voiles, protégé par un temps calme ; mais, avant le milieu de la traversée, Éole déchaîna des vents plus furieux que ceux qui, à la prière de Junon, assaillirent la flotte du pieux Énée. Ce fut un bruit, un tapage infernal qui redoubla de fureur jusqu'à la dernière explosion ; c'est-à-dire qu'alors on se battit à outrance dans le parterre ; les banquettes arrachées volaient en éclat ; les femmes poussaient des cris d'effroi dans leurs loges et ne voulaient cependant rien perdre des émotions causées par cet affreux spectacle. Un seul homme dans la salle, même au moment où le parterre furieux, après avoir envahi l'orchestre, escalada le théâtre, demeura tranquille spectateur de cette scène impossible à décrire. Cet homme était l'auteur. Travaillant alors à un poème où plus que partout ailleurs on passe du ridicule au sublime, à la *Panhypocrysiade*, M. Lemercier, m'a dit un de ses amis qui le tient de lui-même, ne s'intéressa plus au naufrage de son malheureux Christophe Colomb; son attention fut entièrement captivée par le spectacle de la tempête; et, comme dans son poème une pièce est représentée en enfer devant les démons, il n'eut plus qu'à bien observer et à peindre d'après nature un parterre de diables en fureur. Ainsi une chute lui servit de modèle pour un dénoûment.

A coup sûr, je ne préconise point ce genre de liberté qui consiste à laisser tout un public s'écharper dans une salle de spectacle; sous l'empire, la force armée, non moins que depuis, venait mettre le holà quand les voies de fait s'étaient manifestées; mais du moins on attendait pour réprimer le désordre qu'il fût répréhensible; en un mot, je crois avoir prouvé que les spectateurs jouissaient au théâtre d'une liberté qu'ils n'ont plus. L'empereur en outre, quand il y assistait, ne proscrivait point les applaudissemens si essentiels au comédien pour le soutenir et l'échauffer; souvent même il en donnait le signal. A la cour seulement, on écoutait toute une représentation dans une admiration muette; mais on était chez le maître; mais nul n'avait payé pour entrer. Et l'on peut conclure de cette différence que si l'empereur imposait aux siens des conditions d'étiquette, il respectait les franchises du peuple.

Le théâtre était une des plus grandes magnificences de la cour impériale. Pour y paraître, les acteurs, les actrices, recevaient en présent les plus riches costumes ; et toutefois, que cette pompe en effigie était loin de la pompe réelle dont l'empereur était environné! Jamais Talma, dans le rôle de César, ne brilla au milieu des ignobles comparses, immobiles autour de lui, autant que l'empereur parmi les grands de son empire ; il absorbait tout : c'était un prestige, un rêve dont il ne reste plus que le souvenir ; mais ce souvenir a pour moi encore aujourd'hui des charmes inexprimables, quoique je sois bien revenu des vanités mondaines.

Non, à moins de l'avoir vu, personne ne pourra se figurer le mouvement électrique qui frappait tous les assistans lorsque, dans un jour de cérémonie, toute la cour étant assemblée, l'huissier, ayant ouvert la porte, disait ce seul mot :

L'empereur! C'est que derrière le clinquant du trône étaient la puissance, la force, la volonté; c'est que, sous le manteau impérial, battait le cœur d'un grand homme; c'est que chaque Français se mirait, pour ainsi dire, dans la gloire de son empereur. Les grands de l'empire, éclipsés devant la splendeur impériale, recevaient de la lumière du trône un si éclatant reflet, qu'ils brillaient, aux yeux des étrangers, comme des astres et non des satellites. Les princes, grands dignitaires de la couronne, voyaient leurs salons emcombrés de princes souverains qui venaient leur faire la cour. La renommée de l'empereur était si grande, que son action était aussi virtuelle là où il n'était pas, qu'autour de sa personne. C'est dans l'Orient surtout que le nom de Napoléon exerçait toute l'influence d'une divinité; les Musulmans se souvenaient de lui comme d'une apparition prophétique, et à son nom s'attachait, parmi les enfans de Mahomet, une sorte de tradition poétique et religieuse. L'un d'eux dit un jour à un Français qui lui parlait avec un ton de supériorité : « D'où prends-tu ton audace? ton empereur n'est pas encore venu. » Lui vivant, le czar de Russie n'eût pas été tour à tour le frauduleux protecteur de la Grèce et l'ambitieux protecteur de la Porte Ottomane; s'il eût régné, tous ces souverains acharnés à sa chute ne frémiraient pas sur leur trône au moindre vent de liberté. Le principe monarchique n'avait de base solide que sous le trône de Napoléon; seul, comme il l'a dit, il était de force et de taille à enchaîner les révolutions. Sa puissance consolidée eût été la sauvegarde de toutes les monarchies européennes. La république était morte; sa chute l'a ressuscitée, du moins en espérance, heureusement vaine ; les aboiemens de la propagande n'auraient osé troubler le retentissement de sa voix.

A cette occasion, je rappellerai les paroles solennelles et prophétiques que je lui ai entendu prononcer à Saint-Cloud, la veille de son départ, lorsqu'il alla tenter de nouveau la fortune infidèle dans la campagne de France.

Nous formions un groupe de personnes dévouées à sa cause. Là se trouvaient Regnault de Saint-Jean-d'Angély, Defermont, Pelet (de la

Lozère), Fabre (de l'Aude), l'archichancelier, plusieurs de mes collègues, quelques officiers supérieurs de la garde impériale et de la garde nationale de Paris. Ceux-ci même étaient en plus grand nombre, et j'ai lieu de penser que ce fut pour eux surtout que Napoléon s'exprima comme il le fit. Nous causions entre nous des affaires du temps, quand tout à coup nous vîmes l'empereur apparaître au milieu de notre groupe. Il nous dit :

« **Les souverains veulent ma chute** : s'ils y
« parviennent, ils gagneront des provinces et
« exposeront la sécurité de leur couronne. L'é-
« cole philosophique du dix-huitième siècle
« portera ses fruits ; j'ai arrêté la désorganisa-
« tion sociale : elle reprendra son cours. Elle
« avait déjà dévoré la France et une partie de
« l'Italie ; elle avait gagné la Belgique et la Hol-
« lande ; elle menaçait le reste de l'Europe, et
« nul ne se présentait avec un bras de fer pour
« s'opposer à son débordement ; au lieu de
« cela, on la cajolait, on reculait devant elle !
« Toute sa force était dans la crainte qu'on en

« avait : c'est ce que j'ai vu tout d'abord. J'ai
« pris le monstre à la gorge ; je l'ai terrassé,
« foulé aux pieds, parce que je n'en avais pas
« peur ; mais je ne l'ai point détruit ; il som-
« meille encore plein de vie. Avec le temps, je
« l'eusse à jamais anéanti ; le monde en eût été
« délivré.... Le siècle est trop impatient... Il me
« semble pourtant que je marche assez vite....
« Mais les rois ne me comprennent point.... ils
« ne veulent pas me laisser le temps d'achever
« mon ouvrage.... Si je tombe, Messieurs, vous
« verrez le réveil de l'anarchie ; savez-vous le
« nom qu'elle se donne pour séduire les peu-
« ples ?... Elle s'appelle la République... Moi aussi
« j'ai été républicain ; je l'ai été de bonne foi ;
« mais j'ai reconnu qu'une république n'était
« qu'un champ ouvert à toutes les ambitions,
« et dans lequel les mauvaises passions prennent
« la marque du patriotisme. »

Après cette allocution prononcée avec une extrême vivacité, l'empereur rentra dans son cabinet. Je ne le revis plus qu'à Fontainebleau dans les circonstances que j'ai rapportées plus haut, et ensuite dans les Cent-Jours, époque à laquelle finit cette grande et glorieuse période qui commença à Saint-Cloud le dix-huit brumaire et se termina à Waterloo. Du haut du rocher de Sainte-Hélène où la fausse politique des souverains de l'Europe l'avait relégué, jusqu'à son dernier soupir, Napoléon imposa au monde une sorte de terreur. Mis comme lui au ban de la France, ou, pour mieux dire, de la Maison de Bourbon, ses frères, ses sœurs, sa mère, subirent la loi cruelle de l'exil, et surent conserver une dignité convenable sous les coups du sort [1].

J'aurais voulu suivre cette famille dans ses diverses ramifications, en énumérer le personnel, rappeler ses alliances, présenter un tableau de la position actuelle de chacun de ses membres; mais une considération me retient. Depuis la mort du roi de Rome, auquel nous aurions pu raisonnablement rattacher nos espérances

---

[1] Ce passage est écrit depuis plusieurs années; des événemens plus récens, soit à Rome, soit *ailleurs*, ne m'y feront rien changer.

déçues, depuis surtout qu'en frappant Eugène, la mort a enlevé à la terre le prince le plus vertueux et le plus digne de gouverner les hommes, la famille de Napoléon ne peut plus rien être pour la France, que des citoyens retombés, par la chute du grand homme qui seul était leur gloire et leur appui, au rang qu'ils auraient occupé dans le monde, si l'empereur ne les eût tirés du néant pour les placer dans des régions élevées. On sait d'ailleurs que Joseph Bonaparte, sous le nom du comte de Survilliers, passa en Amérique après la seconde catastrophe de 1815; que la princesse Pauline, Élisa et madame-mère, se retirèrent à Rome; qu'après un court voyage à Stuttgard, Jérôme Napoléon et la princesse Catherine, sa femme, allèrent vivre à Florence sous le nom du comte et de la comtesse de Montfort; que le vice-roi et la vice-reine, devenus prince et princesse de Leuchtemberg, trouvèrent un asile honorable à la cour du roi de Bavière; que Lucien, après avoir revu Paris pendant les Cent-Jours, retourna à Rome, lieu habituel de sa résidence, sauf quelques séjours en Angleterre; que Murat, redevenu soldat pour reconquérir son trône, tomba au Pizzio, frappé à mort par des balles napolitaines, et que sa mort glorieuse déshonore à jamais ceux qui l'ont ordonnée. On sait aussi que Louis et la reine Hortense vécurent séparés l'un de l'autre, tantôt en Suisse, tantôt en Italie, quoique la reine Hortense ait pu rester en France en 1814. Personne n'ignore que la mort enleva successivement, outre Murat et Eugène, la grande duchesse Élisa, la princesse Pauline et madame-mère, et qu'enfin le prince de Borghèse, en digne prince romain qu'il était, mourut de gras-fondu, après avoir accepté, lui, beau-frère de Napoléon, une mission de la cour de Rome auprès du roi de France.

Si je garde le silence sur ces personnages, je ferai une exception en faveur de deux femmes : la comtesse de Montfort et madame-mère. L'histoire remplit un devoir en rendant hommage à leur vertu supérieure.

Lors des événemens de 1814, après l'héroïque abdication de Napoléon, un complot atroce fut ourdi contre sa vie; le trop fameux Maubreuil, écuyer de Jérôme, et qui venait d'attacher à la queue de son cheval sa croix de la Légion-d'Honneur, accepta l'horrible commission qu'il ne put heureusement remplir; son infamie s'en dédommagea en arrêtant la reine de Westphalie qu'il rencontra, et à laquelle il vola ses diamans. On sait les suites de cette action indigne.

La princesse Catherine, rentrée dans les États de son père, descendit au palais de Stuttgard, dans son ancien appartement; là, au moment précis de son arrivée, la comtesse de...... parut devant elle, et, feignant de prendre part à sa douleur, lui dit que sans doute il lui en coûterait de suivre l'exemple de l'archiduchesse Marie-Louise, mais que certainement elle ne voudrait pas moins faire pour sa famille que cette princesse pour la sienne.

— Je ne vous comprends pas, répondit sa majesté; j'ignore ce que fait l'impératrice des Français; je vois qu'on l'arrache à son mari, qu'on s'oppose cruellement à ce qu'elle remplisse des devoirs chers à son cœur; devoirs que son honneur, sa gloire, sa religion, lui rendent sacrés.

— Hé! Madame, repartit la comtesse, Votre Altesse royale ne voit-elle pas avec indignation le honteux mariage auquel le despotisme de Napoléon l'a condamnée ?

— Madame, reprit la reine en se levant avec dignité, tandis que d'un geste elle désignait la porte, sortez..... Sortez, dis-je, mon père sera indigné quand il saura que, dans son propre palais, vous venez empoisonner sa fille de vos lâches conseils.

— Eh ! Madame, au nom de Dieu, je vous conjure de ne voir dans ce que j'ai dit qu'une insinuation.... Oui, l'archiduchesse dénoue un hymen que la violence a formé; elle donne cette preuve de déférence à la volonté de son père.

— Madame, mon mari est malheureux ; je suis sa femme, je dois partager sa fortune et le suivre partout : c'est l'ordre de Dieu.

Ces paroles confondirent la comtesse mise en avant par le roi de Wurtemberg ; elle alla lui rendre compte de ce qui venait de se passer. On a vu précédemment, dans cet ouvrage, combien ce monarque était absolu dans ses volontés.

La résistance de sa fille l'irrita ; cependant tout inflexible qu'il se montra, il fut fier de cette vertu peu commune.

On peut se figurer la douleur de la noble princesse. D'abord elle n'avait vu dans son mari qu'un maître injuste, indigne de la posséder ; mais, comme elle venait de le dire, ce prince, désormais malheureux, reprenait sur elle les droits sacrés, sanctionnés par l'Église devant Dieu.

Elle pleurait, lorsqu'une jeune Française, qu'elle avait amenée de Paris, entra mystérieusement, paraissant éperdue ; elle regarda tout à l'entour de la chambre comme pour voir si on l'épiait, et puis s'approchant de la princesse :

— Ah ! Madame, dit-elle..... mon frère........ mon pauvre frère !...

— Hé bien, mon enfant, que lui est-il arrivé?

— Il est ici.... il voudrait vous voir.

— Lui !

— Oui, Madame, lui-même ; il a, dit-il, une lettre qu'il ne doit donner qu'à vous.

— Une lettre.... ton frère........ Va le trouver,

dis-lui que je ne peux le recevoir.... Cependant, s'il venait.... ô mon Dieu....... Hé bien, va le chercher.

Et, pendant que la jeune fille s'éloigne, la noble reine dépouillée tomba à genoux, pria avec ferveur; bientôt, entendant du bruit, elle se relève..... Le Français paraît, il se prosterne devant la princesse, et, tandis qu e d'une main il essuie ses larmes, de l'autre il lui remet une lettre dont il est porteur. La reine reconnaît l'écriture, brise le cachet.... C'est son mari qui lui écrit; qui, avec fermeté et passion, lui peint ses regrets, son désespoir, son désir ardent de se réunir à elle. Il lui dit que, si elle le veut, il l'attend à quelque distance du palais, en un lieu qu'il lui désigne; et que de là ils prendront la fuite en se dirigeant vers la Suisse, d'où ils tâcheront de gagner la mer afin de passer en Amérique.

Des pleurs entrecoupèrent cette lecture. Elle n'avait pas encore achevé, lorsque les deux battans de la porte sont ouverts brusquement, et un huissier annonce le roi..... A ce nom qui tombe comme la foudre, le messager se relève, la reine pousse un cri et le regarde.... Se trompe-t-elle? est-ce son époux?..... est-ce un message? le temps lui manque pour s'en assurer : le roi son père est devant elle.

— Ma fille, dit-il, ma chère fille, je veux ton bonheur... Soumets-toi à la destinée......... nous avons tous à nous en plaindre. De grandes puissances demandent la rupture de ton hymen; l'archiduchesse Marie-Louise te donne l'exemple.

— Hé! mon père, voudrez-vous qu'un jour je l'imite en tout; irez-vous avouer à l'Europe qu'en accédant à mon mariage, vous avez cédé à la crainte ou à l'ambition, et que, pour un titre de roi, vous sacrifiâtes l'honneur de votre fille.... Si je n'ai pas été la femme du roi de Westphalie, j'aurai donc été sa concubine! Ah ! ce mot est horrible!

— Votre mari, répondit le roi étonné de cette digne résistance qui flattait son orgueil de monarque, et qui peut-être plaisait involontairement à sa tendresse paternelle; votre mari, plus sage que vous, acceptera les propositions qui lui sont faites. Lui qui ne vous a jamais aimée, ne se refusera pas à un divorce qui vous rendra à chacun votre indépendance.

Le roi de Wurtemberg était entré si vite et la conversation s'était d'abord engagée avec tant de chaleur, qu'il n'avait pas aperçu le jeune porteur de la lettre que sa fille tenait encore à la main. Sa stupéfaction fut grande lorsqu'il vit tout à coup paraître devant lui un personnage qui, s'inclinant avec autant de respect que de majesté, lui dit :

— Sire, excusez-moi si je viens moi-même apporter la réponse à la cruelle proposition que l'on m'a faite en votre nom....

— O mon ami, ô prince malheureux ! ô cher époux, s'écrie la reine de Westphalie en se jetant dans les bras de Jérôme.

— Quoi! Monsieur.... quoi! Votre Majesté se présente devant moi sans m'en prévenir. Qu'avez-vous espéré de cette démarche imprudente?

—Sire, répliqua le prince, j'ai voulu prouver à ma femme, à votre angélique fille, la sincérité de mon attachement. Dès qu'on m'a parlé de divorce, de dissolution de mon mariage, je suis accouru, bravant les périls, dans le but de vous déclarer que, dussé-je subir la mort la plus affreuse, je ne me sépare pas de ma chère Catherine; mais si elle, trop soumise à votre volonté, renonçait à la parole qu'elle m'a donnée, alors je lui obéirai, je ferai comme elle, voulant la laisser l'arbitre absolu de nos droits communs. J'ai eu des torts, je l'avoue; mais ai-je jamais manqué à ce que je lui devais. Égaré par des flatteurs, emporté par mon âge, peut-être ai-je mérité les reproches de cet ange; mais, au fond, mon cœur lui a toujours appartenu, et naguère, lorsqu'à Warterloo la mort m'est apparue de près, c'est son nom que j'invoquais, c'était elle que je regrettais sur la terre.

Tandis que Jérôme parlait ainsi, la reine, heureuse de le voir, souriait et pleurait tout ensemble, et son regard implorait son père.

Le roi de Wurtemberg n'était pas satisfait; mais il y avait dans cette ame réellement royale des sentimens trop élevés, trop magnanimes, pour ne pas être touché de la situation des deux époux; lui-même sentait que la rupture d'un tel mariage serait plus déshonorante que le mariage lui-même. Toutefois il se retira sans rien décider, et rentra dans son appartement. Il y trouva ses ministres qui tous s'y étaient rendus au bruit déjà répandu de l'arrivée de Jérôme.

Là se trouvait le comte de Taube, *ministre des affaires étrangères*, passé maître dans l'art de gagner du temps; le comte de Normann Etsrensfels, *ministre de l'intérieur*, administrateur éclairé; le baron d'Eude, *ministre de la justice*.

Le duc Guillaume de Wurtemberg, chargé du portefeuille de la guerre, fut le seul qui ne parut pas, n'étant point alors à Stuttgard, et rendit grace au Ciel de cet heureux hasard.

Le baron de Mandelslohe, *ministre des finances*; le baron de Sasmand, *ministre des cultes*; les barons de Suwendorff et de Fischer, ministres d'État, membres du conseil.

Le vieux monarque était embarrassé; la coalition, et principalement l'Autriche, lui demandaient la rupture du mariage de sa fille. L'empereur Alexandre, consulté, avait répondu que c'était un cas de conscience dont la princesse

Catherine devait seule être juge. D'après cette réponse, on pouvait présumer que l'autocrate ne permettrait pas que les souverains employassent la violence pour rompre cet hymen.

Il fut donc arrêté que la ci-devant reine de Westphalie serait seule admise à prendre une décision; que toutefois, avant de le lui faire savoir, le roi son père l'appellerait auprès de lui le lendemain matin, et lui ferait les représentations convenables à ce sujet. Aucun membre du conseil ne proposa le renvoi du royal gendre de sa majesté.

La journée s'écoula ainsi ; la cour vint faire ses complimens de bonne arrivée au prince de Montfort (c'était sous ce nom que le roi de Westphalie assurait son incognito); mais, comme il ne vint aucun message du vieux roi, le jeune couple passa le reste de la journée et de la nuit dans un état de pénible anxiété. Le lendemain, un chambellan du roi vint inviter la princesse Catherine à se rendre dans l'appartement de S. M. le roi de Wurtemberg. Elle, pour parer le premier coup, se prétendit malade, et par conséquent s'excusa de ne pouvoir se rendre aux ordres de son père, et lui écrivit la lettre la plus touchante.

Cette lettre, chef-d'œuvre de noblesse et de sentiment, empreinte de cette éloquence naturelle qui contrastait si puissamment avec l'indignité de la fille des Césars, alla droit au cœur du roi de Wurtemberg. Ce monarque comprit que l'honneur de sa famille était attaché non à la rupture, mais à la reconnaissance du mariage; et, peu après, une réconciliation complète eut lieu entre les jeunes mariés et l'auguste père, rapprochement auquel travaillèrent aussi leurs altesses royales les princes Guillaume et Paul de Wurtemberg, frère et beau-frère du prince et de la princesse de Montfort.

Ainsi l'ex-roi de Wespthalie dut au caractère de la princesse sa femme la conservation du rang qu'il occupe encore aujourd'hui parmi les princes de l'Europe.

On est heureux de trouver de pareils exemples de vertu dans les familles royales; cela console d'avoir vu la femme de Napoléon, lui, encore vivant, se prostituer à un comte de Neypperg.

Quant à madame-mère à laquelle je consacrerai les dernières pages de ce volume, je ne crois pas qu'il ait existé une femme d'un plus grand courage, douée d'une ame plus forte et plus élevée. La fortune s'est présentée à elle dans ses extrêmes les plus opposés, mais les grandeurs ne l'éblouirent jamais, et jamais non plus elle ne se laissa abattre sous les atteintes de malheurs hors de toute comparaison pour une mère. Elle sut s'accommoder même de la dernière position que lui réservait le sort; on ne l'entendit point se plaindre des autres; jamais aucun reproche, aucune récrimination, ne sortit de sa bouche. A Rome, elle força à lui rendre un hommage personnel ceux-là mêmes qui jouissaient de la chute de son fils et de l'abaissement de sa famille. Un jour que le pape cherchait à lui donner des consolations sur les vicissitudes de sa vie :— Dieu seul est immuable, répondit-elle; il avait été trop prodigue envers moi; ce qu'il m'avait donné, il me l'a ôté. Que sa volonté soit faite! Je ne plains que mes pauvres enfans; combien ils ont dû souffrir!

Cette résignation si sublime dans sa pieuse

simplicité étonna le pape Léon XII qui dit à ses cardinaux :

— *Questa donna* (cette dame) a bien fait de ne me rien demander, car je lui aurais tout accordé; je la crois digne de la vénération de tous les princes de la terre.

A dater de ce moment, la considération qui s'attachait à madame-mère alla toujours en augmentant. Certains ambassadeurs, quoiqu'ils eussent toute honte bue, cessèrent d'essayer de tourmenter l'auguste mère de Napoléon.

Elle se plaisait à réunir autour d'elle les restes de sa famille et le renégat révolutionnaire, à les combler de dons; car, sans être aussi riche qu'on le supposait, elle le paraissait, tant son économie libérale savait être magnifique à propos. Jamais elle n'entendit ou ne comprit rien aux insinuations qu'on lui adressa pour qu'elle substituât aux armes impériales, qu'elle portait dans leur intégralité, les siennes propres ou celles de la famille de son mari.

— Pourquoi cela? disait-elle. Toute l'Europe s'est pendant dix ans prosternée en tremblant devant ce blason; les rois s'y sont accoutumés. Renoncer à son écusson par un motif humain est d'un ambitieux ou d'un lâche.

Elle vient de mourir à Rome dans la quatre-vingt-huitième année de sa vie, au mois d'avril de cette année 1836; c'est une perte irréparable. En France, elle ne fit que du bien, mais ne voulut exercer aucune influence sur les affaires, et ne chercha pas même à avoir ce que l'on appelle du crédit. Aimée comme elle l'était de son fils, Napoléon eût saisi avec empressement les occasions de lui prouver sa tendresse; elle ne s'employa que pour faire prospérer des établissemens ou religieux ou charitables. Jamais on ne parla d'elle; on la vit garder une mesure parfaite, conserver son rang sans orgueil; aucune voix n'a pu l'accuser depuis le déclin de sa famille. La méchanceté s'est vue réduite à chercher et surprendre les secrets de son intérieur, à la montrer parcimonieuse, quand seulement elle était économe. D'ailleurs, et comme elle le disait souvent : « Nous autres Corses, nous nous connaissons en révolutions ; tout ceci peut finir, et alors que deviendront des enfans dont la générosité imprudente ne regarde, quand elle donne à pleines mains, ni en avant, ni en arrière ? Alors ils me trouveront ; il vaut mieux qu'ils aillent à leur mère, qu'à ceux qui les ont trahis ou abandonnés. »

Au milieu de ses plus grands malheurs, on lui conseilla maladroitement de s'adresser à une auguste princesse, afin d'en obtenir la protection. Elle répondit en accompagnant ses paroles d'un sourire fin :

« Je n'ai aucune envie de la grandir, ce qui arriverait si elle m'exauçait ; et, comme elle ne m'a pas fait de mal, je ne veux pas non plus l'exposer au blâme que lui attirerait un refus. »

Lorsque l'empereur François II, consulté sottement par des imbéciles, eut signé un acte qui faisait de sa fille l'archiduchesse Marie-Louise, non la femme, mais la concubine de Napoléon-Bonaparte[1] : « En vérité, s'écria-t-elle, nous voilà

[1] Ce qui résulte positivement de l'acte impérial par lequel, sans nommer le mari de sa fille, l'empereur d'Autriche signale un enfant mâle, né de l'archiduchesse Marie-Louise, auquel il donne un rang, des armes et un nom de famille ! ! !

trop vengés de la maison d'Autriche ; jamais je ne me serais imaginé que, quand on donna Marie-Louise à mon fils, on avait cru en faire non sa femme légitime, mais sa maîtresse. L'orgueil mal entendu est un bien indigne et bien coupable conseiller ! ».

Elle disait dans une autre circonstance :

« Quoi qu'on fasse, mon petit-fils ne portera jamais un plus beau nom que le nom de son père; le titre de duc de Reichstadt est sourd : celui de fils de Bonaparte retentira toujours aux quatre coins du monde, et les échos en France ne manqueront pas de le répéter. »

Lorsqu'on lui apprit la mort prématurée, quoique prévue, de ce jeune et malheureux prince, elle leva les yeux au ciel, fit un double signe de croix, puis, croisant ses bras sur sa poitrine, elle dit : « Cette dernière façon de perdre mon fils m'est peut-être plus cruelle que la première ; » et, venant à songer à l'insensibilité de Marie-Louise, ces mots lui échappèrent : « L'existence de ce bâtard devait lui peser, quand elle songeait à la vie future des enfans qu'elle a eus de son légitime mariage avec Neyperg. »

Quand on lui annonça la mort cruelle de Murat : « S'il n'avait pas trahi l'empereur, j'aurais des larmes à lui donner; je ne gémis que sur ma fille et sur ses enfans. »

Le cardinal Maury, dans une circonstance, la louant avec une exagération marquée, elle l'interrompit en lui disant : «Eh! M. le cardinal, à entendre ce que vous me dites aujourd'hui, que vous restera-t-il demain pour continuer sur le même ton? »

« Flatterie est moquerie, disait-elle souvent; j'aimerais mieux qu'on me dit vrai de temps en temps, afin de me faire prendre goût à la louange. »

Telle fut cette femme forte et mal appréciée durant sa longue carrière, si ce n'est peut-être dans les dernières années de sa vie. Pour lui trouver un terme de comparaison dans l'histoire, il faudrait remonter jusqu'à la mère des Gracques.

FIN DU QUATRIÈME ET DERNIER VOLUME.

www.ingramcontent.com/pod-product-compliance
Lightning Source LLC
Chambersburg PA
CBHW070907170426
43202CB00012B/2230